Beppo Beyerl

Den Wurschtl kann keiner derschlagen!

Band 2

G'schichtln und Anekdoten zum Wiener Prater

edition MOKKA

Impressum

Bibliografische Information Der Deutschen Nationalbibliothek

Die Deutsche Nationalbibliothek verzeichnet diese Publikation in der Deutschen Nationalbibliografie; detaillierte bibliografische Daten sind im Internet über http://dnb.d-nb.de abrufbar.

Besuchen Sie uns im Internet:
www.edition-mokka.eu

Lektorat
Christine Schäffer, BA BA

Gestaltung und Layout
Edition MoKKa, A.M.D.

Druck
Standartu spaustuve, EU

ISBN 978-3-902693-67-9

Edition MoKKa
Floridsdorfer Hauptstraße 36/2/12
1210 Wien, Österreich
Tel.: +43 660 490 55 61
Fax: +43 1 270 21 56
Mail: office@edition-mokka.eu

Inhalt Band 2

G'schichtln und Anekdoten zum Wiener Prater
Beppo Beyerl

Inhalt Band 1

Illusion und Realität des Wiener Praters
Marcello La Speranza

Einleitung

„Ist es ein Park? – Nein. Ist es eine Wiese? – Nein. Ist es ein Garten? – Nein. Ein Wald? – Nein. Eine Lustanstalt? – Nein. Was denn? – Alles dies zusammengenommen.“ – Soweit ein Versuch des Nicht-Wieners Adalbert Stifter, sich den verschiedenen Zuständen des Wiener Praters ein wenig zu nähern. Auch der Autor möchte im Vorwort einen ähnlichen Versuch wagen und verschiedene Anekdoten aus dem Bereich Geschichte & Gegenwart wie zu einem Puzzle zusammenfügen:

Als er am 13. November 1998 seine Lebensgefährtin Eva Pappenscheller heiratete, fuhren beide samt den Trauzeugen und der Hochzeitstorte zwei Runden in einem Waggon des Riesenrades. Die „Wiener Zeitung“ kommentierte diesen Vorgang am nächsten Tag: **„Nach der Trauung, bei der die Verwaltungsübertretung des Blumenstreuens in einem Amtshaus begangen wurde, fuhr das vielbeschäftigte Paar in eine halbstündige Flitterwoche auf das Riesenrad. Die Redaktion gratuliert …“**

Anlässlich der in Wien ausgetragenen Fussball-Europameisterschaft im Jahre 2008 war ein Netz mit dem tschechischen Teamtorhüter Petr Čech über das Riesenrad gespannt, die Gesamtgröße betrug an die 2.000 m^2. Petr Čech trug dabei seine obligatorische Mütze, viele Hände griffen an die Speichen des Riesenrades. Doch bald wurde das Netz entfernt – angeblich wegen eines ca. 1,5 Meter tiefen Risses, der durch das Sturmtief „Emma“ verursacht worden war. Die Spiele von Tschechien wurden allerdings in Basel und in Genf ausgetragen, und der mehrfache tschechische „Fußballer der Jahres“ patzte das eine oder andere Mal.

In den späten Siebzigerjahren lief der Autor zweimal in der Woche mit Volker Tulzer eine Zehn-Kilometer-Strecke auf der Hauptallee. Volker „Luigi“ Tulzer – seine Bestzeit über 1.500 Meter betrug 3:42,2 – hatte die Hauptallee schon damals in Eigenarbeit kilometriert. Das penibel geführte „Logbuch“ über die damaligen

Zeiten warf der Autor anlässlich eines Wohnungsumzuges leider in den Müll seiner Geschichte, so kann er nie und nimmer seine damalige Bestzeit kolportieren. Der heutige Rekord über die Zehn-Kilometer-Distanz beträgt jedenfalls 27:36,46 Minuten, aufgestellt von Günter Weidlinger im Jahre 2008. Für Rekordversucher: Die Hauptallee ist inzwischen offiziell kilometriert.

Verbote bestimmen unser Zusammenleben. Seit 1964 gilt ein absolutes Fahrverbot für Autos auf der Hauptallee. Aber im Jahr 1818 trat ein anderes Verbot in Kraft, nämlich das absolute Rauchverbot. In der Zwischenzeit wurde das Rauchverbot wieder aufgehoben. Aber wer weiß, vielleicht werden bald Raucherzonen im Prater installiert, mit dicht schließenden Wänden und ohne Abzugsklappen.

Über 30.000 Zuschauer sahen am 7. Mai 1922 das erste Meisterschaftsspiel des jüdischen SC Hakoah im neuen Hakoah-Stadion in der Krieau. Drei Jahre später passierte etwas Unglaubliches: Die Kicker der Hakoah schafften den österreichischen Meistertitel! Friedrich Torberg – selbst Aktiver, allerdings in der Sparte Wasserball – schrieb 1925 über das entscheidende Match: „Und dann geschah das Unwahrscheinliche. Der Tormann Fabian, den verletzten Arm in einer Binde, kam aufs Feld zurück, nahm den verlassenen Stürmer-Posten ein, bekam plötzlich den Ball vor die Füße – und schoss fünf Minuten vor Schluss das dritte Goal, das siegbringende, das meisterschaftsentscheidende dritte Goal!“

Ein nicht zu vergessender Beitrag zur Originalität des Praters war das ausgerechnet auf der Jesuitenwiese abgehaltene „Volksstimmefest“ der KPÖ. Der Autor erinnert sich an diverse Boxerstaffeln aus Ungarn und an Ringermannschaften aus der UdSSR, die stets am Vormittag ihre Schlagstärke demonstrierten und eher von ein paar Pensionisten goutiert wurden. Die jugendlichen Wiener promenierten am Nachmittag zwischen den Ständen, die von den jeweiligen Bezirksorganisationen der KPÖ errichtet wurden. Dort konnte man zur Gaude aller Zusehenden etwa das Konterfei des amerikanischen Präsidenten abschießen. Spät abends traf man sich auf einem gesonderten Terrain beim Cuba-Stand. Dort pflegte auch der Autor bis nach Mitternacht zu verweilen – die Unzahl der eher billigen „Cuba libre" entschädigten für die teure Taxifahrt von der Rotundenbrücke ins heimatliche Meidling.

In abgespeckter Form gibt es auch heuer das Volksstimmefest – wie immer am ersten Wochenende des nachsommerlichen Septembers auf der Jesuitenwiese.

Soweit die verstreuten Eindrücke über den Wiener Prater. Wollen Sie spezielle Einzelheiten, unspezielle Zusammenhänge oder ganz einfach weitere Geschichten über den Wiener Prater erfahren, die vom Autor oder von so manchen Beobachtern, Betreibern, Benutzern verfasst wurden, so rate ich Ihnen an- und inständig: Blättern Sie in diesem Buch!

Hochzeitsreise des Autors im Riesenrad.

Die ersten Vergnügungsobjekte. (Abbildung Wien Museum)

Ab 10 Uhr vormittags: Ganz Wien strömt in den Prater. (Abbildung Wien Museum)

Von der Jagd zur Hetz'

Topografisch bezeichnete der Prater vor der Donauregulierung die Donauauen im Osten von Wien. Die Donauauen sahen aus, wie überall auf der Welt Auen aussahen: ein paar Flussarme, viele Wiesen, viele Wälder. Wann die Bezeichnung Prater zum ersten Mal auftauchte, ist freilich bekannt. Sie kommt allerdings nicht vom lateinischen pratum, also Wiese, sondern vom Adelsgeschlecht de Prato. Diesem Geschlecht schenkte im Jahre 1194 der Babenbergerherzog Friedrich I. einige Wiesen dieser Au. Dieses in der späteren Folge kaum mehr auftauchende Geschlecht de Prato verwienerte sich zu Prater – und der Name des Augebietes war geboren.

1538 legte Kaiser Ferdinand I. dort eine lange Kastanienallee an, die übrigens noch nicht völlig identisch mit der uns geläufigen Hauptallee war. Herrscher schätzten stets lange lineare Achsen, welche die durch herrschaftliche Hand erfolgte Zähmung der wilden Natur bezeugten. Diese „lange Allee", so ihre damalige Bezeichnung, also die Kastanienallee, reichte, unterbrochen vom Heustadelwasser, bis zum Jägerhaus – dem heutigen Lusthaus – und erreichte so eine stattliche Länge von 4.734 Metern. Das weiß ich genau, weil ich in meiner Jugend zusammen mit dem Freistädter Volker Tulzer auf der Prater Hauptallee trainierte und der damalige Paradeläufer über die Distanz von 10 km eben diese Hauptallee kilometriert hatte. Ab und zu duellierten wir uns bei unseren Läufen mit dem legendären Dolfi Gruber, der ja stets herumerzählte, nicht die Amis, sondern er habe in Wirklichkeit das „Joggen" erfunden. Und der stur die Meiereistraße querte in der Annahme, die Autofahrer würden halten und ihn höflichst durchwinken.

Der Prater als Jagdgebiet von Leopold Munsch, um 1888.

Kaiserliche Jäger

Irgendwie musste Seine Majestät der Kaiser dieses praterliche Terrain erreichen, ohne sich zu viel ins gemeine Volk zu mischen. Also ließ Kaiser Maximillian II. eine Zeile vom heutigen Donaukanal bis zum Anfangspunkt dieser Allee errichten. In dieser Zeile siedelte er ursprünglich 18 seiner Jäger an: Die „Jägerzeile" war entstanden, ihre Lage ist identisch mit der heutigen „Praterstraße". Setzte man die Linie dieser Jägerzeile über die „Kleine Donau", also dem heutigen Donaukanal, fort, so endet man exakt beim Stephansdom. Aber noch blieb sie eine untergeordnete Verbindungsstraße. Damit ja keine Umständ' aufkommen: Selbiger Maximilian II. kaufte die wenigen, noch nicht seinem Besitze zuzurechnenden Gebiete im Prater auf, und das nunmehr geschaffene kaiserliche Areal ließ er von Planken und Zäunen umgeben. Dort konnte er ungehindert jener Tätigkeit nachgehen, die mittelalterliche Herrscher bevorzugt ausübten: der Jagd.

Kurze Zeit später, im Jahre 1592, erging unter Kaiser Rudolf II. das Wort: „**Niemand soll in unserer Au, dem Prater, zur Sommer- oder Winterzeit gehen, fahren, reiten, hetzen, jagen oder fischen, ohne Willen des kaiserlichen Forstknechtes Hanns Bengel.**"

Und dieser Hanns Bengel soll zeitgenössischen Berichten zufolge seinem Namen alle Ehre gemacht haben, da er ganz schön roh mit jenen umging, die den Prater ohne die notwendige Aufenthaltsgenehmigung betraten.

Was die auf Rudolf II. folgenden Kaiser anging, tja, so wurde es anscheinend zumindest Kaiser Karl VI. zu fad, nur mit seinen Hofjägern herumzureiten: Er erlaubte es dem Hochadel, im Monat Mai – und nur im Monat Mai! – mit ihren eleganten Equipagen den Prater zu befahren. Fahren durften sie – allerdings war es sogar dem Hochadel verboten, die Kutschen zu verlassen und mit ihren adeligen Füßen den kaiserlichen Boden zu betreten!

Blühen im Prater die Bäume? Um 1882. (Abbildung Wien Museum)

Pratergrün für alle

Der Reformkaiser Joseph II. machte mit dem kaiserlichen Privilegium ein für alle Mal Schluss. Im Jahr 1775 ließ er in den Sommermonaten die Tore für Krethi und Plethi, also für jedermann, öffnen. Diese Öffnung galt von 10 Uhr vormittags bis Sonnenuntergang. Als Kompromiss mit der Kirche wurden die Tore erst um 10 Uhr geöffnet, um den Gläubigen den Besuch der Frühmesse zu ermöglichen. Und da Krethi und Plethi nicht wissen konnten, wann der Sonnenuntergang stattfand, wurde dieser dem Praterwanderer durch drei Böllerschüsse verkündet. Und danach wurden die Pforten des Praters strikt verschlossen.

Diese kaiserliche Entschließung führte zu folgender oft kolportierten Begebenheit: Ein Adeliger erläuterte dem Kaiser, dass er sich von nun an unter das gemeine Volk mischen müsse. Darauf der Kaiser, nonchalant: „**Wenn ich unter meinesgleichen lustwandeln wollte, dürfte ich nur in der kaiserlichen Gruft spazieren gehen.**" Und der Kaiser – Gott hab ihn wenn schon nicht heilig, dann vielleicht ein bisserl selig – verfügte in einer Anordnung, dass niemand ihm oder anderen Mitgliedern der Kaiserfamilie im Prater eine Ehrerbietung bezeigen solle.

Es kam aber noch schlimmer: 1766 ließ der Kaiser auch die Gitter und Zäune niederreißen, der Prater – oder der Bratter, wie man damals zu schreiben pflegte – war somit Tag und Nacht und sommers und winters frei und ungeteilt für jedermann und jederfrau zugänglich! Für solch eine Aktion benötigen wir schon den Originaltext. Oder Ausschnitte des Originaltextes, weil der gesamte doch um einiges zu lang ist. Also:

„Es wird anmit jedermanniglich kund gemacht, wasmassen Se. Kaiserl. Majest. aus allerhöchst zu dem hiesigen Publico allermildest hegenden Zuneigung Sich allergnädigst entschlossen und verordnet haben, daß künftighin und von nun an, zu allen Zeiten des Jahrs und zu allen Stunden des Tags, ohne Unterschied jedermann in den Bratter sowohl, als in das Stadtgut frey spazieren zu gehen, zu reiten und zu fahren …"

Gleichzeitig erlaubte der Kaiser auch die Errichtung von Gaststätten und Kaffeehäusern längs der „Langen Allee". Was nolens vo-

Zur Rutschbahn? Oder doch in den Zirkus?

Fotografie von Otto Schmidt, um 1900.

lens zu zwei Problemen führte: Einmal benutzten viele Adelige die Allee als private Rennstrecke (den Red-Bull-Ring gab es damals ja noch nicht) und schossen mit ihrem Zeugl im höchstmöglichen Tempo zum Jägerhaus. Es soll dabei auch zu internen Rennen, Wettkämpfen und Hasardritten gekommen sein. Unfälle und Verletzungen unbeteiligter Fußgänger sind verbürgt. Andererseits war das Terrain der Hauptallee damals noch nicht befestigt. Fand eine wilde Jagd statt, wurde im doppelten Sinn des Wortes viel Staub aufgewirbelt. Dadurch fühlten sich die Besucher der an der Hauptallee liegenden Gaststätten immens gestört (oder sagte man damals molestiert?).

Nun hatte jemand einen tollen Einfall: Strafgefangene wurden beauftragt, oder es wurde ihnen der Befehl erteilt, mit Gießkannen vor den Gaststätten Wasser auszuspritzen. Der Erfolg dieser von Barmherzigkeit getragenen Aktion hielt sich in Grenzen. Zwar konnten die Gäste ihre Biere und Kaffees unverstaubt trinken, doch viele der Strafgefangenen benutzten die Gelegenheit und verschwanden auf Nimmerwiedersehen in den Tiefen der Praterauen.

Doch vergessen wir diese Problemchen und gedenken der Wohltat, die der Prater für die Wiener war:

* Pratergrün, 1902 *

Es ist so hold, an ihn zu denken – im Vorfrühling, wenn in Nestern und Zweigen das schüchterne Regen der Gäste beginnt und ringsum alles von den drallen, glänzenden Blattknospen starrt, als hätte sich ein Heer goldbrauner Käfer in die Bäume verirrt. Die Lüfte haben noch den frischen Erdgeruch des Schneeglöckchens. Und wer die keusche Blüte aus dem Schnee hervorholt, denkt in diesen Tagen an den Prater, wie ich. Dicht an der Grenze des Winters kann man sie oft dort pflücken, in den tiefen, abseits gelegenen Auen, in denen man nichts anderes hört, als das

Wiener Künstler-Postkarte (A. Fikulka).

Alles trifft sich im Prater. Kolorierter Stich von T. Mollo, 1825.

leise Geriesel des Schneewassers und das Gegluckse, mit dem der keimlockere Boden schlürft. Schlürft, als wär' ein lebendes Wesen da unten, das in vollem Behagen genießt und sich befruchten läßt von diesem sonnenwarmen Bächlein, das vor ein paar Tagen noch starrer, glitzernder Schnee war. Überallhin findet es seinen Weg: bahnt sich Straßen, gräbt sich Mulden, zieht die welken Blätter des letzten Herbstes hinter sich her, tote Käfer, braune Halme, so daß alles eine lautlose, aber einzige Bewegung scheint. Irgendwo probt eine Amsel leise, schüchtern, wie im Zweifel, ob sie auch noch bei Stimme sei, jede Note behalten habe. Schau, es geht! Und nun wird sie laut. Der erste Frühlings- und Werberuf.

Aus der Ferne dringt gedämpftes Wagenrollen herüber. Aber es stört nicht. Es gehört dazu. Ist so gut eine Stimme des Praters, wie das Gegluckse der Gewässer in den Auen, das Aufschnellen der Karpfen in den trägen Teichen, die auf dem Wege zum „Lusthaus" liegen, das Schmettern der Militärmusik, die in den ersten warmen Frühlingstagen durch die feierlich aufragenden Kastanienwipfel der Hauptallee herüberfindet.

Und wer um diese Zeit an den Prater denkt, der hört und sieht dies alles, atmet es ordentlich ein. Und dann summt er vielleicht eine alte, wienerische Weise dazu … ein Lied, das einmal alle Volkssänger sangen, alle Werkel spielten, alle Gassenjungen pfiffen, so oft, daß man es schon gar nicht mehr hörte. Das ist nun plötzlich wieder da, mit dem Frühlingswind, aber anders, schöner. Weil es auf feinen Flügeln alle Schmelzfarben der Erinnerung trägt und Vergangenheit schluchzt und – Jugend.

Ja, Jugend, das ist es! Wer von uns hätte nicht ein Stück davon dort erlebt, verloren oder zurückgelassen? Stunden dummseligen Staunens vor der Bude Wurstels und den unheimlichen Plakaten Kratky-Baschik's. Eine unangenehme Regung des kindlichen Magens, mit der angenehmen Erinnerung an das „Ringelspiel" und die Riesenschaukel. Stunden fröhlichen Flirts in der Hauptallee und das erste Stelldichein in der Krieau. Irgendeine beschämende Jugendeselei in einem abseits gelegenen Rondeau und einen ersten großen Schmerz, von dem niemand wissen durfte, als die Veilchen und Vöglein in den vergessenen Praterauen … Dies alles wird wieder lebendig. Bis auf den tiefen Schatten, den die prächtigen Wipfel des „Kaisergartens" damals noch über den Flußsteig warfen, bis auf den wunderlichen Geruch in der Reitallee, dieses pikante Gemisch von Juchten, Gärberlohe [Anm.: Blätter oder Baumrinde, derer sich die Gerber zur Zubereitung der Häute bedienen (nach der Adelung)], Stall und Gabouquet.

Man erkennt die „Verbindungsbahn", die über die Hauptallee führt.

Der Konstantinhügel wurde mit dem Aushubmaterial vom Rotunden-Bau errichtet.

Verschollene Moden tauchen wieder auf vor uns, und mit ihnen die Generationen, die darin einmal schön und jung waren. Und seitdem so oft die Toilette gewechselt haben, daß sie darüber alt und grau und mürrisch geworden sind. Wenn wir aber an den Prater denken, sehen wir immer noch die Mode unserer Jugend. Wie sie ihre Feststunden hatte und sich wie in einer goldenen Schlachtlinie vor den staunenden Augen entwickelte, am 1. Mai oder in der Pfingstwoche, und in den leuchtenden Triumphtagen Makart's!* Und dies alles schlingt sich ineinander: bunt, lockend, gleißend wie die Sonnenkringel in das Dunkel der Praterauen.

Noch gellt der schrille Pfiff der Verbindungsbahn hinter uns. Aber wir sind schon im Prater. Und mit dem ersten Blick in sein Grün ist die laute Großstadt hinter uns versunken. Dort mag nun geschehen, was will. Wir haben noch Kinderaugen, und deshalb interessieren uns die bunten Blasen, die am Weg als „Luftballons“ feilgeboten werden, mehr, als ganz Wien. Diese bunten, bebenden Luftballons. Mit welcher Andacht wir die einmal vor uns hertrugen! Bis ein plötzlicher Windstoß sie dahin entführte, wo sie eigentlich hingehörten: hoch, hoch hinauf ins Blaue, daß ihnen unsere Blicke nicht mehr zu folgen vermochten. Immerhin blieb uns noch die Genugtuung, einiges Aufsehen erregt zu haben. „Ein Luftballon! Ein Luftballon!“ ging's von Mund zu Mund. Und kleine und große Kinder sahen empor. Wird er noch höher steigen – wird er platzen? Bis Augen und Lippen müde wurden vom Schauen und vom Fragen.

Wenige Jahre später sind unsere Träume so aufgestiegen. Bunte Blasen, bunte Blasen! Wir brauchten sie nicht einmal zu kaufen. Wir bekamen sie umsonst. Nicht von einem schmutzigen Bettelweib, Königin Jugend selbst stand am Weg und gab sie uns. Ja, aber –! Der eine blieb an irgendeinem Baumklotz hängen, den anderen entführte der Sturm. Die meisten fliegen hoch und immer höher, bis sie wie Seifenblasen zerplatzten.

Den Kindern gab die Hauptallee nie viel zu schaffen. Hatte man der Musik gelauscht, den Konstantinhügel bewundert, einige Reiter und, wenn man besonders Glück hatte, eine Reiterin gesehen, dann war's aus mit dem Vergnügen. Der Wurstelprater zog zu mächtig, und wer den satt hatte, lief in die Krieau. Die ganze Romantik der „Indianerbüchl“ konnte dort nachgelebt werden. Und wer ein echter „Sioux“ war und etwas auf sich hielt, der begann zwischen Ausstellungsplatz und Meierei eine gar

* Hans Makart, geb. 1840 in Salzburg, gest. 1884 in Wien; öst.-ungar. Maler, Dekorationskünstler; repräsentativer Maler der Ringstraßenepoche.

Der Prater um 1794.

Nachmittägliche Erholung, gern auch beim neuen Ringelspiel, um 1790.

wunderliche Sprache zu reden. Die „Jagdgründe“ wurden abgesteckt, die „Friedenspfeife“ geraucht, der „Tomahawk“ aus- oder eingegraben, der „große Geist“ angerufen, um gefangene „Bleichgesichter“ rasende Tänze ausgeführt, an denen nichts echt war, als das Geheul.

Mit einer Art verstörter Ruhe sahen die beiden Kunstpavillons und der damals noch aufrechte Triumphbogen der Inzersdorfer Ziegelgewerkschaft auf dieses Treiben hinab. Vor Jahren waren hier die Meisterwerke europäischer Kunst und Industrie zur „Weltausstellung“ vereinigt worden. Nun balgte sich die fröhliche „Barbarei“ dort. Wer der Ruinen Roms gedenkt, der weiß, daß keine Kulturstätte sicher ist vor solchen Spielen.

Und wie lockte der Ort selbst! Dieses tiefe, sonnige Schweigen der Vergessenheit ringsum ... Das Gras so hoch, daß man oft knietief darin versank, da und dort schon zwischen den geborstenen Treppenstufen hervorsprießende Blumen die Fülle. Und bei jedem Schritt ein kleines Heer brauner Grashüpfer aufsurrend, daß es in der sommerlichen Stille oft einen Laut gab, wie ein verträumtes Hinstreichen über die Saiten eines Violoncellos. Jenseits des Ziegelbogens wand sich ein vergessener Wasserlauf dahin. Gerade tief und schlammig genug, um sich beim Durchwaten so schmutzig als möglich zu machen. Im Bogen selbst duftete das Heu des Weiers. Dort war der eigentliche „Wigwam“, wo die Verwundeten gepflegt, die Heimkehrenden gespeist wurden – das Reich der „Squaw“. Ein Duft stieg auf, so schwül und doch so süß! Einige meinten vom Heu. Aber dieser Duft war überall, wie die Atmosphäre jener Stätte. Und vielleicht nur für jene da, die sommerlange, glückliche Stunden dort spielten und deshalb noch heute wissen, wonach es roch: nach Thymian und Waldmeister und – „nach Schlangen, wenn sie in der Sonne liegen“, wie wir damals sagten. Wer jemals eine bunte Ringelnatter aus der Sonne fing, der kennt den feinen, seltsamen Moschusgeruch. Die Eidechsen raschelten hin und her, oft über unsere müden Beine hinweg. Und wen das Spielen oder das Herumlungern nicht mehr freute, der sprang die Treppen des Pavillons hinauf und hinunter oder stieß hinter der Säulenfront der Vorhalle irgend einen langgezogenen Diphthong aus, daß es hohl und seltsam widerhallte, wie eine Stimme aus weiter Ferne der Vergangenheit. Dann geschah es wohl zuweilen, daß einer der Künstler, die in den Pavillons ihre Ateliers hatten, zornig herausfuhr und den Lärmenden wegwies. Aber ein solches Erscheinen wurde erst recht mit einem wahren

Gemälde von Tina Blau. Zu sehen ist der ägyptische Palast in der Weltausstellung 1873.

Indianergeheul begrüßt, so daß der Entrüstete sich verdutzt zurückzog. Er konnte wohl auch nicht ahnen, daß all diese Buben und Mädels ein- für allemal übereingekommen waren, in ihm ein „verhaßtes Bleichgesicht" zu erblicken. Und so mußte der Bedauernswerte mitspielen, ohne daß er es wußte und wollte.

Von Zeit zu Zeit tauchte ein großer Regenschirm in dieser Umgebung auf, und darunter eine malende Dame. Vor der hatten wir immerhin einen gewissen Respekt. Erstens weil sie malen konnte und doch „nur" eine Frau war, zweitens weil sie es verstand, uns königlich zu übersehen. So was imponiert immer. Erst nach Jahren, als ich der Frauenfrage schon näher stand als den Sioux-Indianern, hab' ich erfahren, daß es die berühmte Landschaftsmalerin Tina Blau war*. Mitten in einer Gesellschaft, der wir beide angehörten, brachte es der Zufall ans Tageslicht, daß auch ich einer der „Fratzen von damals" war. Als ich es eingestand, lachte sie ihr weiches, sonniges Lachen, das etwas von der Luft des Praters hat, dem sie so wunderbare Stimmungen abgelauscht …

Aber der Prater hatte noch ganz andere Jagdgründe, und die wurden nicht weniger eifrig aufgesucht, besonders zur Zeit der Brombeer-Reife. Lange, lange Wiesen, die ein Blumen- und Grasteppich sind. Und ringsum ein einziger Wall jener Brombeerhecken, durch die man sich tatsächlich „hindurchfressen" konnte. Gott, diese Mäuler, und welches Behagen! Auf dem Rücken liegend, pflückte man sich die Beeren in den Mund, blinzte wie ein Echslein in die Sonne und stand nur auf, wenn der Freudenruf eines Entdeckers eine reichere Fundstelle verkündete. Das ging so fort – stundenlang. Die Lerchen wirbelten auf, die weißen Sommerwolken glitten wie leichte Segelschiffchen durchs Blau oder nahmen wunderliche Gestalten an, in die wir unsere Lieblingshelden aus Mythologie und Geschichte hineinträumten. Es war ein lustiges, ein süßes Studium. Und die Heuschrecken hüpften dabei ganz ungeniert über uns hinweg, da und dort kroch eine riesige Kröte hervor und glotzte mit rotgelben Augen zu uns hinüber. Erdhasen kamen, schnupperten uns an und verkrochen sich wieder, und der Sommerwind sang an unseren Ohren vorbei, daß es sich anhörte wie Harfenmusik aus einem Elfenhügel … Ein Märchen war's! Und doch guck-

* Tina Blau-Lang, geb. 15. November 1845 in Wien; gest. 31. Oktober 1916 in Wien; öst. Landschaftsmalerin; zahlr. Reisen; in späterer Zeit hatte sie unweit der Prater-Rotunde ihr Atelier. Mit Olga Prager, Rosa Mayreder und Karl Federn gründete sie 1897 die Kunstschule für Frauen und Mädchen in Wien, wo sie auch unterrichtet.

Prater-
Idylle.

ten einem die Riesenschlote der Großstadt über die Schultern – der Großstadt, an die man gar nicht mehr dachte!

Und so mag wohl jede Generation Wiens einen Teil ihrer Kindheit dort verlebt haben. Und nicht bloß ihrer Kindheit. Glück und Unglück, Liebe und Träumerei, der friedliche Gelehrte und der verzweifelte Selbstmörder – sie alle flüchten in die grünen Hallen, die sich so lockend an die hastende Riesenstadt heranschieben und für jeden ein Plätzchen haben, wo ihn die freche Zudringlichkeit der Welt in reineren Lüften aufatmen oder – verschwinden läßt. Und wer nur den rechten Sonntagsblick für die Seelengeschicke der Menschheit hat, dem fällt es gar nicht schwer, all die Leutchen zu erkennen, wenn sie auch nicht immer paarweise zieh'n, die Verliebten. Die elegante Dame, die scheinbar ganz absichtslos jener Allee zusteuert – wie verrät sie sich trotz alledem durch die suchenden Blicke, die sie voraus-, oder durch die ängstlichen, die sie zurückschickt! Hat man den grünen Block der Laubgänge nur einmal umschritten, kann man gewiß sein, ihr wieder zu begegnen: Aber nicht mehr allein. Da und dort sieht man schmollende Pärchen. Jedes der Leutchen in eine andere Bankecke gedrückt. Sie mit verweinten Augen, er scheinbar in tiefes Nachsinnen verloren, mit seinem Stocke Figuren in den Staub kritzelnd. Natürlich haben sie den Unberufenen gar nicht herankommen gehört, so laut und temperamentvoll war die „Szene“. Aber wenn sie ihn dann erblicken! Kann man Lustigeres erleben, als die unbewußte Dressur der „guten Sitte“, mit der jedes in seine konventionelle Pose zurückschnellt?

Wieder ein paar hundert Schritte weiter und die Sache wird ernster. Da sitzt ein armes, vergrämtes Weib, dem man seine Jugend gar nicht mehr ansieht, und weint heiße, lautlose Tränen auf ein flachsblondes Kinderköpfchen – eine Verlassene! Man möchte sie am liebsten nicht mehr aus den Augen verlieren, so bang wird einem bei diesem Anblick. Die Donau, denkt man unwillkürlich, sie ist ja so nahe, so barmherzig nahe! Hat ja manche schon fortgespült und in verhüllende Tiefen gezogen, für die kein Platz mehr war im Sonnenreigen der Lebendigen. Aber wenn man all diesen Spuren folgen wollte! Und so geht das Leben auch da weiter, ehern, unbarmherzig, daß man seinen Donnergang zu hören meint. Tausend Schritte weiter macht eine „Damenkapelle“ die Musik dazu. „O Jugend, wie tut deine Schönheit mir in der Seele so weh!“ Wer hat das gesungen? Ich glaube, Eichendorff. Und wem wär' es nicht schon einmal in den Sinn gekommen, unter heißen, abschiednehmenden Tränen!

Ringelspiel

Foto Wien Museum.

Da humpelt ein alter Wiener an seinem Stab daher. Hände und Beine zittern schon, aber auch er muß noch seinen „Prater haben". Der „g'hört dazu, so lang ma noch beim Dasein is'!" Wie der „Heurige" und „'s Pils" und „'s backene Lämmerne" und der kalte Kaffee, den die kleinen Leute an Sonntagen mit sich herausschleppen und, behaglich in's Grün der Wiesen hingestreckt, mit geruhsamer Andacht verzehren.

An dem allen vorüber schreitet auch ein junges Paar, aber von jener Sorte, das „in den Wolken wandelt". Von großen Dichtern und Werken sprechen sie, und von versunkenen Städten und Menschenschicksalen. Vielleicht wird die Welt einmal ihren Namen kennen. Ihren ersten und schönsten Traum haben sie jedenfalls im Prater geträumt. Auch sie geh'n wie in ein Märchen hinein in dieses weiche, säuselnde Grün, und an den prächtigen Purpurglocken des Fingerhutes vorüber, der so lockend und giftig am Wege blüht.

Ein paar Schritte weiter hocken zwei Schuljungen, in der besten Zeit des Wachsens, wo Beinkleider und Rockärmel immer zu kurz sind. Der eine hält augenscheinlich etwas „Lebendiges" zwischen den Händen, denn von Zeit zu Zeit öffnet er sie und blickt mit einer wahren Krösusmiene auf seinen Fang. Was es nur sein mag? Aber noch eh' wir's wissen, fällt in der nächsten Au ein langhinrollender Schuß. Die Jungen fahren auseinander, und der Laubfrosch, den sie gefangen, entschlüpft ihren Händen, um im nächsten Augenblick in einem Baum am Wege zu verschwinden. Dann hört man Menschen rufen, Schritte hasten, zuletzt die anordnende Stimme eines Wachmannes. „D'erschossen hat sich wer!" spricht einer der Jungen vor sich hin, leise, fast weinerlich. Aber die angeborene Wiener Neugierde siegt über das Grauen. Also – „lauf'n m'r!" Wer denkt noch an einen Frosch, wenn man in nächster Nähe einen Selbstmörder sehen kann?

An dem Rudel der Neugierigen vorüber, die sich in kürzester Zeit an der Unglücksstätte zusammengefunden, wandelt ein kleiner, glattrasierter Gelehrter mit zerstreutem Blick und nervös zuckenden Schultern. Auch ihn hat der jähe Schuß sozusagen um einen Frosch gebracht. Um einen blutarmen ethischen Gedanken, durch den er die Menschheit erheben und beglücken wollte, und der sich nun, vom wirklichen Leben angedonnert, wie ein zitternder Frosch verkrochen hat, irgendwo im Utopiendickicht dieses feinen, weltfremden Schädels.

Foto Wien Museum.

Und hinter dem grünen Vorhang der Zweige, unter denen einer verblutet, der nicht mehr leben konnte, rollen die Equipage* der Nobelallee weiter, wälzt sich der Schwarm seliger Müßiggänger, springt die Musik von Strauß zu Schubert, von Schubert zu Offenbach, ganz wie die Stimmung des Völkchens, das sich da durcheinander schiebt und oft in einem Atem himmelhoch jauchzen und zu Tode betrübt sein kann. Dann fährt der gute, kühle Abendwind daher, der über die Donauwellen kommt und so weich und seidig ist, wie das Blondhaar der Nixen, das er getrocknet. Silberne Nebel steigen aus den Auen, gleiten schwebend über die Wiesen hin, kriechen längs der Wege weiter, sodaß, wer in schwimmender Dämmerung heimkehrt, oft gar wunderliches Luftgesindel zu sehen vermeint. Zuletzt klettert der Mond langsam über die dunklen Kastanienwipfel empor und schmunzelt mit seinem breitesten Pierrotgesicht die ewige Hanswurstadt des Lebens an. Er allein weiß, wie viele Augen auch hier zu ihm emporgeblickt haben, in sehnsüchtiger Schwärmerei oder voll heimlicher Tränen; wie viele stolze und selige Jugendträume kopfüber geflogen sind von ihrem allzu luftigen Trapez, zurück in die schmutzige Manege der Wirklichkeit, die den Pferdehufen gehört und den Clowns. Aber er weiß auch, daß es immer wieder so sein wird, und daß es für die Menschen schon ein wohliger Gedanke ist, tausend Schritte von der Manege, in der sie das Schicksal mit der Reitpeitsche durcheinander treibt, einen Ort zu wissen, wie diesen: wo die Blumen in Gottesfrieden blühen und welken, die Kinder spielen, die Liebenden schwärmen und die Träumer sich ungestört verlieren und aufatmen können in einer Luft, die nicht den Brodem des Alltags herweht. Wie eine Erinnerung an den mächtigen Urwald, der einst alles ringsum bedeckt, steht unser Prater da; nur zum Teil für die Mode und das Vergnügen zurecht gestutzt, in seiner schöneren und besseren Hälfte noch immer der Wald mit seinem Zauber und seinem tiefen, wunderbaren Frieden. Der Wald, der dem Wiener die ersten Schneeglöckchen und Veilchen schenkt, in dem er seinen ersten Mai gefeiert hat und feiern wird, so lange es einen Prater und ein Wien gibt. Ein Urwald von Geschlechtern ist um ihn emporgewachsen und wieder verschwunden. Und sie alle hat er gekannt: sie alle haben dort einmal gespielt und gejauchzt, geliebt und geweint.

Und wer ihn einige Jahre nicht geseh'n, dem mag es vielleicht geschehen, daß er bei seinem Anblick plötzlich in Tränen ausbricht. Denn es

* Anm.: ein (nobles) Pferdegespann mit livriertem Kutscher.

Ansicht der großen Allee im Prater.

Die Jägerzeile, Gemälde von F. Scheyrer, 1824.

gibt eine Pratersehnsucht, wie es eine Sehnsucht nach dem „alten Steffel" gibt und nach dem Kahlenberg. Weit über die Donau hat auch hier einst der Wald herübergegriffen, und der knorrige Strunk, den wir jetzt als „Stock im Eisen" ansprechen, bezeichnet gewiß noch lange nicht seine Grenze. Langsam mußte er dann zurückweichen – immer weiter, immer tiefer. Aber die Sehnsucht nach ihm ist dem Wiener in der Seele geblieben, wie jenes Wahrzeichen seiner einstigen Herrlichkeit im Herzen der Stadt. Und so hat auch der Prater seinen Zauber und seine Fee. Und wer ein Sonntagskind ist, der kann sie belauschen: wie sie in mondklaren Frühlingsnächten aus irgendeiner Au hervortritt, rechts und links ein Reh, in den Händen eine blitzende Kristallschale, in der sie das Lachen und das Weinen, den Frohsinn und die Lebensweisheit der Wiener zu einem gar köstlichen Zaubersaft gemengt. Und von diesem Saft sprengt sie leuchtende Tropfen über die Wiesen hin, und raunt leise Sprüchlein dazu – Sprüchlein voll Segen, Sprüchlein voll Kraft, daß es weiter erfreue und weiter gedeihe: das Pratergrün!

*Marie Eugenie Delle Grazie**
Neue Freie Presse, 30. März 1902; S. 9–10.
AufgeLesen, bearb.: T.K.

Die Jägerzeile

Nun zurück zur Achse Praterstern – Stephansdom, also zur Jägerzeile: Ursprünglich waren 18 Jägerhäuser errichtet, nach der Freigabe des Praters ging die Zahl der Häuser ins Unzählbare. Die Jägerzeile wurde 1769 gepflastert, 1797 sogar kanalisiert, die Alleebäume mussten 1811 dem Verkehr weichen, die ersten Theatergebäude lockten das Publikum auch am Abend in Richtung Praterstern. Zwar wurde im Rahmen der Kämpfe im Revolutionsjahr 1848 viele Häuser in der Jägerzeile zerstört, aber nach dem Neubau der Paläste und der nunmehr neuen Theater und der 1862 erfolgten Umbenennung in Praterstraße war man sich in Wien klar: Das ist die Prachtstraße der Residenzstadt, das ist die Repräsentationsstraße und Eventmeile der Donaumetropole. Mit der Weltausstellung 1873 wird die neu errichtete Ringstraße diesen Rang und diese Bedeutung übernehmen.

* Anm.: Marie Eugenie Delle Grazie, geb. 14. August 1864 in Weißkirchen; gest. 19. Februar 1931 in Wien; öst.-ungarische Schriftstellerin

Die „Praterschlacht" am 23. August 1848.

* Blutiger Kampf der Arbeiter im Prater, 1848 *

Der Hergang dieser blutigen Szenen ward mir von einigen Augenzeugen erzählt: Die Arbeiter des Prater-Bezirkes, nachdem sie sich mit den Akordarbeitern geraume Zeit stritten, und letztere von ihrer Tätigkeit abhalten wollten, machten aus Stroh einen Popanz, den sie bekleideten [...] und nach feierlichem Umhertragen verbrennen oder beerdigen wollten. Da sie in dieser Prozession durch die von ihnen sehr verhaßte Munizipal-Garde abgehalten wurden, so suchten sie sich mit ihren Krampen und Schaufeln mit Gewalt einen Weg gegen die Jägerzeile zu bannen, um unter Absingung des Fuchsliedes ihren Gang fortzusetzen. Sie wurden durch die Munizipal-Cavallerie zerstreut, wobei schon einige Verwundungen vorfielen.

Bei dieser Gelegenheit erbeutete die Sicherheitswache eine schwarze Fahne der Arbeiter, welche sie im Triumph unter Vivatgeschrei beim Bahngebäude vortrugen. [...] Auf dem Damm stellten sich die Arbeiter auf, die Nationalgarde schritt gegen sie mit gefälltem Bajonett. Hier wurde eine ziemliche Weile scharf geschossen. [...] Aus sicheren Quellen entnommen, wurden am obigen Tage 66 verwundete Arbeiter in das Krankenhaus der Barmherzigen übertragen, und zwar: An Kopfhiebwunden 17 – an Armhiebwunden 10 – mit verschiedenen Hiebwunden 5 – an Stichwunden 11 – mit Hautwunden 4 – und 16 Arbeiterinnen an verschiedenen Hieb- und Stichwunden nebst den übrigen Toten.

Der freie Linzer Postillon, 7. September 1848

Der Taffernenmichel

Weil im Text der kaiserlichen Kundmachung vom „Stadtgut" die Rede war, will ich dieses Gut genauer untersuchen. Es ist nämlich unmittelbar mit der Etablierung des Wurstelpraters verbunden.

Also das Stadtgut. Es muss an der Stelle des heutigen Praterssterns gelegen sein, also am Ende der Jägerzeile. Und es gehörte ursprünglich der Gemeinde Wien. Doch ein gewisser Michael Ainöther erhielt vom Magistrat die Bewilligung, dort ein Wirtshaus zu eröffnen. Was er auch am 1. Mai 1603 tat. Über dem Eingangstor konnte man diese hoffnungsvollen Worte lesen:

„Gott behuet dies Haus so lang, bis ein Schneck die Welt umgang, und ein Ameis dürst so sehr, daß's austrinkt s'ganze Meer".

Der Bahnhof im Prater. (Foto: Holzdorfer)

Der Kasperl schlägt die Kleinen in seinen Bann. (Foto: La Speranza)

Über diesen Michael Ainöther kursierten verschiedene Gerüchte, die ich dem geschätzten Leser nicht vorenthalten möchte. Beim Wiener Stubentor befand sich um 1600 ein beliebtes Lokal, das auf den Namen „Stadt Tafferne" hörte. In dieser Taverne werkelte ein kleiner, verkrümmter, also gut, verwende ich das inkorrekte Wort und schreibe: Krüppel als Schankjunge, also als Kellner, und der hieß Michael Ainöther vulgo Taffernenmichel. War dieser Taffernenmichel noch so klein, so konnte er auf einen langen Stammbaum verweisen – ob erschwindelt oder präzise erfunden. Und dieser Stammbaum reichte bis zur Zeit von Kaiser Karl dem Großen zurück. Als dieser 791 gegen die Awaren zog und dabei auch in der heutigen Wiener Gegend kämpfte, befand sich in seinem unmittelbaren Gefolge ein Riesenkerl mit einer gewaltigen Schmetterhand, der Änother. Nein, nicht Englisch, nicht „ein anderer", sondern eben der Änother, oder Ainöder oder Eineder. Dieser Berserker machte sich im Wiener Raum ansässig und seine Nachfahren waren allesamt rechtschaffene Erwerbsleute, bis dann jener Zwerg an die Reihe kam, der mit einem Buckel in der Stadttaverne als Kellner werkelte. Er bediente jedoch die Durstenden mit Geschick und Bravour, ja er soll ihnen die Wünsche von den gierigen Augen abgelesen haben.

So konnte er den Inhalt seiner Privatschatulle stets vermehren, bis er mit besagtem 1. Mai 1603 das Wirtshaus Stadtgut eröffnete. Auch das Stadtgut machte großartige Umsätze, noch im Sommer 1603 konnte es Ainöther erweitern und Kegelbahnen errichten lassen. Als er am 25. April 1651 im 71. Lebensjahre starb, war aus der kleinen Holzhütte ein stattliches Steinhaus geworden. Seine Nachfolger ergänzten es mit Schaukeln und anderen Belustigungen. Zudem ließen sie Holzbuden errichten, in denen Puppentheater gespielt wurde. In den meisten Stücken spielte der Hanswurst, der Wurschtel, eine tragende Rolle, und somit war der Name Wurschtelprater geboren.

Hanswursteln im Prater

Jetzt fehlt noch ein kurzer Hinweis auf den Wurschtel: Wie mag der zu Rang und Namen gekommen sein? Nun, ein gewisser Josef Anton Stranitzky, ein Zahnarzt, geboren 1676 in oder in der Gegend von Knittelfeld, kam um 1700 als Schauspieler ans Wiener Kärntnertor-Theater. Er schrieb sich, wie später Johann Nestroy, die Hauptfiguren seiner Komödien auf den Leib und kreierte dabei die Figur des Hanswursts. Dieser Hanswurst galt als wienerische Variante des italienischen Arlecchino der Commedia dell'arte – vielleicht agierte der Hanswurst noch derber und noch vulgärer als sein clowneskes Vorbild. Jedenfalls befolgte der schauspielende Zahnarzt stets das Motto, dass mehr als 200 Jahre später Bert Brecht in einen seiner Songs verpackte: **„Erst kommt das Fressen, dann kommt die Moral."** Denn sein Hanswurst hatte zwei Neigungen – was heißt da Neigungen, zwei Obsessionen: Einmal das Fressen, und dann die Frauen. Im Idealfall handelte es sich dabei um Köchinnen. Und weil der derbe Hanswurst sich mit Geschick und Bravour durch sein Leben wurschtelte, raunte damals schon das Publikum: **„Den Hanswurst musst zweimal erschlagen, erst ihn und dann seine Pappn."**

Oder noch besser: **„Den Hanswurst kann keiner erschlagen."**

Das sogenannte einfache Volk begeisterte sich über die Hanswurstiaden, in denen der Adel verhöhnt und die Polizei verspottet wurde. Um dem Zensor zu entrinnen, dem die Stücke vorgelegt werden mussten, begann Stranitzky in seinen Stücken frei zu extemporieren, eine Fertigkeit, in der es später Johann Nestroy zu Meisterleistungen bringen sollte. Diese Extempori kommentierten die aktuellen Vorgänge in Politik und Gesellschaft auf derbe und publikumswirksame Weise. Bis es dem Zensor tatsächlich zu bunt wurde und er die Hanswurstiaden von Stranitzky verbot.

Der Kasperl

Stranitzky, der Zahnarzt aus Knittelfeld, starb 1726; aber den Wurschtel kann keiner erschlagen. In etwas abgemildeter Form kreierte der Schauspieler Johann Joseph la Roche die Figur des Kasperls. La Roche war gebürtiger Pressburger und lebte von 1745 bis 1806. Erst sollte er Barbier werden, doch dann schloss er sich einer wandernden Schauspielertruppe an und schuf besagte Bühnenfigur. Attribut seines Kasperls war ein Brustfleck mit einem aufgenähten roten Herz. Ab 1781 trat der neue Wurschtel der Wiener am Leopoldstädter Theater auf, und dank seiner Popularität wurde der Kasperl auch die Zentralfigur mehrerer damals in Wien spielender Puppentheater. Die Stücke trugen ergötzende Namen wie „Kasperl als Mehlspeismacher, eine Posse mit zwei Abteilungen". Vom Leopoldstädter Theater war es gar nicht mehr weit bis zum Wirtshaus Stadtgut, um das mehrere Puppentheaterbuden platziert waren. Eine der ersten Bühnen dort nannte sich Hanswurst-Theater. Und es dauerte nicht lange, bis eben die nähere Umgebung die Bezeichnung Wurstelprater erhielt.

Figur im heutigen Prater, 2016.

FRANZ WACIK
Der Schützengraben im k.k. Prater
mit feindlichen Stellungen nach der Natur.
Marineschauspiel
Darstellung einer wirklichen Seeschlacht mit in natürlichem Wasser beweglichen u. armierten Kriegsschiffen. Ein technisches Meisterwerk von allergrößter Sehenswürdigkeit. Bisher noch nicht gezeigt.
Görz und Umgebung
Die heldenmütig verteidigte Stadt nach den heftigen Beschießungen. Riesendiorama mit plastischen Vordergründen. Nach Studien in der Natur.
Eintritt in die Ausstellung inklusive Besichtigung der Schützengräben 40h, für Soldaten des Mannschaftstandes und Kinder 20h.
Kriegs- u. Sanitätshunde.
Täglich Militärmusik.
Strassenbahnverbindung: Linie A (3. Haltestelle vom Praterstern). Linien Prater-Hauptallee.
Ferner durch den Wurstelprater-(Eingang kleine Ausstellungsstraße).
PAUL GERIN, WIEN II.

* Praterfreuden im Kriegsjahre, 1915 *

Wenn die Kastanien der Hauptallee ihre weißen und roten Blütenherzen ausstecken und der Rosshaarkrempler den Zopf für den großen Ringelspielchinesen liefert, rüsten sich die Freudengefilde zwischen Lusthaus und Wurstelprater für die neue Saison. Aber heuer, im Kriegsfrühling, brauchte sich der Prater keinen Winterschlaf aus den Augen zu reiben. Der Betrieb hat nämlich auch zwischen Weihnachten und der allösterlichen Wiederkehr des historischen Salamuccimannes keine nennenswerte Einschränkung erfahren. Die Ringelspiele drehten sich bei vier Grad unter Null und die Praterdamen ohne Unterleib hatten es nicht nötig, sich für den Winter um einen Posten als Sitzkassierin umzusehen.

Der winterliche Prater übte eine Anziehungskraft aus, die ihm vor dem Kriege kaum in den besten Sommern beschieden war. Er hat sich ein neues, dankbares, unersättliches Publikum gewonnen, die österreichischen, ungarischen und deutschen Feldgrauen, die zwischen zwei Schlachten beim Ringelspiel, beim Chinesen Calafatti, auf der Grottenbahn und unter der Obhut der Damenkapelle ihre Wunden und Sorgen vergaßen. Die Landburschen in der Montur, die biederen kleinen Provinzler mit der Tapferkeitsmedaille rückten am ersten Nachmittag, an dem ihnen Kaserne oder Spital freien Ausgang gaben, in dieses unser berühmtestes Gefilde aus. Und die deutschen Soldaten sind nicht zu zählen, die sich von ihren österreichischen Kameraden in den Prater führen ließen. Und so hat er im Kriege mit einem Schlage das Publikum zurückgewonnen, das ihm in den letzten Jahren fast schon verloren gegangen war: alle, die kleinen, dankbaren Leute, die nett und unverwöhnt genug sind, den rosshaargepolsterten Watschenmann zu bestaunen, und über die urältesten Scherze des Budenausrufers außer Rand und Band zu geraten. Die Feldgrauen, die sich seit vielen Monaten täglich zwischen Ringelspiel und dem mit allem Komfort der Neuzeit ausgestatteten Flohzirkus drängen, mögen bei Limanowa, am Dnjestr und San, in den Karpathen Helden gewesen sein. Im Prater sind sie Kinder und mit ihnen ist dieser schon etwas aus der Mode geratene Freudengarten denn auch richtig wieder jung geworden.

Der eingeborene Wiener findet dort unten allerdings alles wie sonst, die Scherze des Budenschreiers lassen ihn längst kühl und das hölzerne Ringelspielpferd, auf dem er einst den ersten Ritt ins romantische Land unternahm, lockt ihn nicht im mindesten mehr. Der Mai, der alles neu macht, ist an den Elefanten und Zebras, den Dromedaren und Ponys aus Holz und gefirnißtem Blech spurlos vorbeigegangen und auch die Samtvorhänge der venezianischen Gondeln sind noch genau so verschossen und ausgefranst, wie sie es vermutlich schon damals waren, als wir, zwölfjährig und voll Illusionen, hier für fünf Kreuzer unersättlich im Kreise herumfuhren. Noch immer schlagen die Berber und Lippizaner Hengste des Praterkarussells treue, kohlschwarze und vergißmeinnichtblaue Glasaugen auf, noch immer bäumen sie sich so wunderbar gefügig unter der Hand des Zehnjährigen, der jauchzend zu den Klängen des elektrischen Werkels in die Fünfminutenschlacht reitet.

Drinnen sitzt auf einem weißen Gasthaussessel Herr Ignaz Huber aus Freilassing in Bayern, genannt der Gebirgsriese. Er trägt einen himbeerfarbenen Frack mit vergilbten Silberborten, ein Zylinder mit einer Messingschnalle sitzt ihm im Genick; das Weltwunder ist ein mittelmäßiges Monstrum, das schüchtern die Augen niederschlägt, was aber nicht hindert, dass er sich vor sämtlichen höheren und höchsten Herrschaften dieser und der anderen Welt produziert hat. Diese Produktion besteht darin, dass der Gebirgsriese von seinem Gasthaussessel aufsteht, eine gedruckte Lebensbeschreibung verteilt und mit der sanften Stimme eines Albinos um ein kleines (deutsche Sprachreiniger, verhüllet euer Haupt) „Extradussöhr“ bittet. Draußen brüllt der Ausrufer: „Einzutretten biddäh, meine Harrschafften! Biddäh, nicht vorrüberzugeh'n! Hiarr sehen Sie …“

Ignaz Huber aus Freilassing schlägt die Augen nieder. Aus Schüchternheit, oder vielleicht ist er müde, oder diese ganze Angelegenheit langweilt ihn einfach und er zündet sich eine geschenkte Virginier an, was entschieden die genussvollste Tätigkeit im Dasein eines Gebirgsriesen sein dürfte. Ich frage ihn im Vertrauen, wie es mit seiner Musterung steht. Er nimmt die Zigarre aus dem Munde, schaut mich tiefsinnig an und sagt mit seiner sanften Albinostimme: „Untauglich wegen allgemeiner Körperschwäche und Plattfuß.“ Der bayrische Landwehrmann möchte nun aber, unersättlich, den Gebirgsriesen bei einer entsprechenden Tätigkeit sehen, aber das Weltwunder ist müde. „Die Vorstellung ist beendet", erklärt er, zieht den Zylinderhut mit der Messingschnalle und verschwindet hinter einem blauen Samtvorhange, auf dem ein fleischfarbener Herkules einen gemalten Löwen erwürgt.

Im Panoptikum wird Hindenburg in Lebensgröße angekündigt, und weil man auch im Prater aktuell ist, hat die volkstümliche Institution des Watschenmannes einen japanischen Teint und vergnügte Schlitzaugen bekommen. Auf dem nahen Heustadelwasser wiegt sich unter lichtgrünen Buchen eine Flotte von überaus bunten Ruderbooten, und tätowierte Kraftmenschen, die offenbar noch nicht das Kennerauge des Assentierungsarztes erfreut haben, malen zärtliche Namen auf die gelben und blauen Schiffstiele, „Lorelei" und „Goldelschen", „Mizzi", „Fannerl" und – „Mackensen". Aus der hoffnungsvollen Praterjugend aber ist auch im Sommer der Brotkarten der unsterbliche Brotschani angeworben worden und der Salamihändler übt seine nahrhaften Koloraturen, als ob der Bundesvertrag mit Italien nicht das kleinste Loch bekommen hätte. Die Dame ohne Unterleib aber schäkert mit einem freundlichen, feldgrauen Sachsenknaben, mit dem sie heute Abend nach Geschäftsschluss auf ein Bier zu den „Drei Tauben" gehen wird.

Und der Prater ruft mit tausend Stimmen. Die Riesenorgeln schreien sich ihre blechernen Luftröhren heiser. Die venezianischen Ringelspielgondeln sind angestopft mit Herrschaften, die bestimmt keine Dogen von Venedig sind und zu den Klängen der mit fünfunddreißig Pferdekräften gewerkelten „Wacht am Rhein" um einen Hamburger Leuchtturm aus Pappe fahren. Und die Aushilfskellner werden das, was man mit vierundzwanzig Krügeln Schwechater Lager an den Fingern und vierzehn kleinen Szegediner Gulasch zwischen Frack und Ellenbogen nicht lassen kann, nämlich saugrob. Und der Wurstel, der es voriges Jahr auf den Juden scharf hatte, schlägt natürlich einen ungeheuer langen Nikolai tot. Im Dritten Kaffeehaus aber bläst der Flügelhornist, indes ihm der Schweiß in Bächen über die dunkelrot aufgeschwollenen Backen läuft: „Komm in meine Liebeslaube …"

"Wiener Schützengraben
„im Prater" Ausstellungsstr.
Gut eingebautes Geschütz.

Amerikanische Scenic
Railway.
Bergab!

Glückselige Schneidermamsellchen singen das hingerissen mit, als ob sie nicht für diese eine Stunde des Vergessens eine Woche für neun Kronen Militärhemden und Rucksäcke nähen müßten. Dienstmädchen aus Vodiebrad und den mährischen Fruchtfeldern der Hanna schmiegen sich im Übermaße des Gefühles an den stattlichsten aller Kanoniere. Unter den Bäumen drehen sich die braunlackierten Ringelspielrosse in ewiger, infernalischer Hetzjagd. Von den rasend emporgeschleuderten Schaukeln stöhnen irrsinnige Schreie zur Berg- und Talbahn hinüber, die durch ein frisch angestrichenes Pappendeckelgebirge donnert. Rings in den Wirtshausgärten werden inzwischen die ersten Lichter angezündet und über den abendlich rauschenden Kastanien geht auf einmal das ungeheure Sternbild des beleuchteten Riesenrades auf. Langsam und stumm dreht es sich durch die blaue, silberausgestirnte Frühsommernacht. Aus einem der toten Donauarme schreien Myriaden von Fröschen und das Liebeslied des Flügelhornisten schwillt schluchzend und streichelnd durch diesen Garten des Vergessens: „Komm in meine Liebeslaube!"

Tausend oder zehntausend, die für ein paar Stunden der Sorge durch die grauen Finger schlüpfen durften, singen es mit [...] und mancher, der heute in acht Tagen in einem Schützengraben liegen wird, tobt sich hier den Überschwang seiner vierundzwanzig Jahre bei der „patentiert Original amerikanischen Kraftmaschine" aus. „Soll ma si nöt unterholten, so lang's no geht", sagt ein Deutschmeister, holt mit dem hölzernen Schlägel aus und lässt ihn krachend auf den Ambos niederfahren. Jeder Schuss ein Russ'. Surrend fliegt eine Klingel in die Höhe und der Mann schaut sich unternehmend im schnell zusammengelaufenen Kreise der Spezi um, steckt das Zigarettel noch schiefer in den linken Mundwinkel und geht mit wiegenden Schritten, die Hände tief in den Hosentaschen, den Klängen des Fünfkreuzertanzes der Frau Swoboda entgegen.

[...]

Deutsches Volksblatt, 10. August 1915, S. 2–3.

Die Kasperlbühne

Im Jahre 1947 hieß eines der Stücke „Der Rauchkünstler". Wie die Bühne aussah, beschrieb der Autor Adelbert Muhr:

Das ganze Theatergebäude [...] ein grellgrün angestrichener Holzkasten, gerade so groß, dass ein Mann darin Platz hat, allerdings ein Mann, der stets unsichtbar sein muss. Als Verzierung dienen rote Ornamentleisten, und die Bühne selbst hat einen dunkelgrünen Vorhang mit Goldborsten. Zu dieser hochgelegenen Bühne schauen die kleinen Gäste, die paar winzigen Bankreihen füllend, auf. Von den Erwachsenen setzt sich niemand, sie stehen lächelnd am lachsgrünen Zaun, Zaungäste, doch ihren Kindern nah genug, es ist alles in kleinen Ausmaßen gehalten. Eintrittsgeld wird von niemand verlangt. Am Schluß der Vorstellung kommt eine weißhaarige Frau mit gütigem Gesicht „Absammeln". Die Eltern geben gern und noch lieber die Kinder. Für sie läßt der Kasperl an einer Schnur eine eigene Büchse herab, und da gibt es ein piepsendes Gedränge, jedes will als erstes seine Groschen in den Spalt zwängen.

Der Puppenspieler hieß übrigens Wilhelm Valcareggi. Doch, so erzählte er Adelbert Muhr, keiner im Wurstelprater nenne ihn so. Alle sagen zu ihm der Kaspar kommt, der Kaspar ist da, der Kaspar geht. Der Kaspar gibt auch die Gebrauchsanweisung für seine Tätigkeit: Die rechte Hand in den Hauptkaspar. Der Daumen kommt in den linken Arm des Kasperls, der Zeigefinger in den Kopf, die anderen drei Finger in den rechten Arm. Und mit der linken Hand ebenso den Nebenkaspar halten! Zum Schluss des Gespräches bekundet der Puppenspieler, der seine Puppen auch selber bastelt, seinen letzten Wunsch: Wenn er dereinst begraben wird, dann eben ... zusammen mit seinem Kaspar.

Wie solch ein Stück ausgeschaut haben soll, das wird im „Heimatbuch für die Kinder der 3. Klasse" 1924 beschrieben:

Der Onkel setzte sich mit den Kindern auf eine Bank. Gleich darauf klingelt es und der Kasperl springt auf die Bühne. In der Hand hält er eine Glocke, die so groß ist wie er selbst. Alle Kinder lachen. Der Kasperl springt mit der Glocke auf der Bühne herum und läutet immerfort. Sogleich kommt seine Frau. Nun tanzen sie auf der Bühne hin und her.

Jetzt reißt sich der Kasperl los, läuft hinaus und schleppt einen kleinen Amboß herein. Dann nimmt er einen Hammer und schlägt damit auf den Amboß. Der Kasperl klopft immer stärker, er holt immer weiter aus und auf einmal trifft er seine Frau auf den Kopf. Sie fällt um und ist mausetot. Kasperl wirft den Hammer weg, nimmt seine Frau in die Arme und schüttelt sie. Die Frau ist ganz tot. Da weint der Kasperl. Rasch läuft er fort und kommt mit einem Herrn zurück, das ist der Doktor. Er schaut die Frau an, schüttelt sie, horcht und legt sie dann wieder nieder. Er fragt den Kasperl, ob er die Frau erschlagen hat. Kasperl nimmt den Hammer und will dem Doktor zeigen, wie das Unglück geschehen ist. Er ist aber ungeschickt und trifft den Doktor auf den Kopf. Der Doktor fällt um und ist auch tot. [ad libitum]

Jedenfalls: Die Kinder lachen. Und der Kasperl hat seinen Zweck erfüllt.

Einfache Mittel bieten eben doch die größte Unterhaltung. (Foto La Speranza)

Wenn die Geschäfte im Prater so schlecht fortgehen;

so werden vielleicht die bekannten fettleibigen Weltwunder,

zum Schluß der Saison als Wunder der Magerkeit ausgerufen.

* Der Prater gerettet!, 1912 *

„Jetzt bin i neugierig, ob die Wiener wiss'n, was zuagreif'n haßt, ob s' wiss'n, was a großer Moment von eahna fordert, ob s' … ob s' …"

„No, no, nur net so aufg'regt! Du malträtierst ja deine Lungenflügeln, dass' nimmer schön is! Erhol' di a Weil' und dann red'!"

„Frotz'l nur, glei' wirst aber segn, dass i recht hab', wann i aus'm Häusl bin!"

„Alstern los!"

„Die G'schicht' fangt so an, dass i gestern im Prater war! Druni'n ün jönem Pratör, von dem's jetzt so oft haßt, dass er eingehn muaß, wann er net a Auffrischung kriagt. Jed'n zweit'n Tag haßt's, dass endlich für'n Prater was g'scheg'n muaß, sunst müaßtn mir's no erleb'n, dass die Watschenmänner, die Damen ohne Unterleib und die Hutsch'n eher aussterbn als die Komfortab'lpferd'r! Stell' d'r vur, Wean ohne Prater! Marandjosef! G'spürst d' net, wia d'r schon 's Wasser in die Aug'n schiaßt? D'r Prater ohne Prater! Schmerz lass nach! I waß 's net, ob das net no ärger war' als eppa d'r Stephansplatz ohne Steff'l! – Gestern alstern ' i m'r denkt, gehst do wieder amal abi in 'n Prater, dass d' ihn no sixt, bevur er vielleicht demoliert wird. Mein Gott, im Anfang hab' i mi net besonders unterhalt'n, obwohl i 'tan hab', was si tuan lasst. A Vierteldutzend Watschenmänner hab' i durch'prügelt, a paar Damen ohne Unterleib hab' i b'sucht, Hutsch'nschleudern hab' i mi lass'n, beim Calafati bin i Ring'lg'spiel g'fahr'n und sogar die Wunder von drei Grottenbahnen hab' i auf mi einwirk'n lass'n. Hm, hab' i m'r denkt, s is schon war, d'r Prater braucht was, sunst is er aus ja und na petschiert. G'schwitzt hab' i vur lauter Nachdenk'n, was m'r für'n Prater tuan könnt' …

Da ste i auf amal vor d'r Rotunde und siech durt an' Ries'nwirb'l! Himmekruzifix, geht's m'r durch'n Kopf, was kann denn da los sein? Neugierig wia i bin, hab' i bald g'wusst, dass si a Herr Reinhardt mit sein' „Mirakel" in d'r Rotunde einquartiert hat. Hast es net g'seg'n, sixt es net aa, sitz' i aa schon drin, mitt'n in aner Pantomim', in der's so zuagangen is, dass i glaubt hab', 's Hör'n und Seg'n muaß m'r vergehn! Du, so was war im Prater no net da! In d'r Hauptsach' draht si das Ganze um a fidele Kloster-

Freilich ist der Prater gerettet.

frau, dö a Gspusi nach d'r andern hat. Ihre Verehrer hab'n freilich alle a Pech, denn sie wer'n aner nach 'm andern um'bracht. Das Ganze is a heilige G'schicht', aber schon so heilig, net zum sag'n! Z'erscht hab' i glaubt, i hab' falsch g'hört, wia i Reinhardt g'hört hab', i hab' glaubt, es is schon wieder d'r Rossum da. Wia i aber erfahr'n hab, dass die G'schicht' wohl a Pantomim', aber ka Wasserpantomim' is, bin i von den Gedank'n wieder abkumma! Es hat aber mehr Leut' geb'n, dö in denselb'n Irrtum war'n. Stell' d'r vur, die ganze Rotunde a Bühne. Und so weit als d' schau'n kannst, nix als Klosterfrau'n und Kutt'n! Es war, als ob a paar aufg'hobene Klöster in d'r Rotunde Unterstand g'suacht hätt'n! Überhaupt das Ganze! So a Theater hast d' no net g'seg'n! Mit dö Statist'n, die da mitspiel'n, kannst d' an' Kriag führ'n, so viel san s'! Wann hie und da aner von die Solopantomimiker auf dera Mordstrum Bühne allan is, möcht'rst ihm am liabst'n, dass er si net fürcht't, an' Wachmann schick'n!

Alle Aug'nblick hast so an' Menschenauflauf vor dir, dass d' manst, auf d'r Bühne is a Panik aus'broch'n! Aber wannst d' davonrenna willst, dass d' net d'rdruckt wirst, is der Rummel aa schon wieder gar! Ob'n in der Rotund'nkupp'l läut'n in aner Tour die Glock'n, als wann wieder a eucharistischer Kongress eing'läut't wurd'rt! Für jede Kittelfalt'n is a elektrischer Scheinwerfer da! Kurz und guat, du hast ka Vorstellung, was das für a Vorstellung is! Neb'n mir is a Herr g'sessen, der hat m'r sei' Adress' geb'n und hat mi bitt, i soll ihn fünf Minut'n, bevur er narrisch werd'n könnt', z'Haus' führ'n. Er is schon im erst'n Akt religiös wahnsinnig word'n, aber i hab' 'n sitz'n lass'n, weil i mit mir g'nua z'tuan hab' g'habt. Wia er no bei sich war, hab i 'hn g'fragt, wer den Wirb'l erfund'n hat. Er hat g'sagt, das is das System Remasuri oder der Stil Reinhardt. Kurzum, es war großartig!

Beim Eintritt hab' i vur d'r Rotunde a Plakat g'seg'n, das hat g'schrian: „Hereinspaziert, Hereinspaziert! Hier, nur hier, aber ganz allein hier, sehen Sie das größte Wunder, das Wunder, das Wunder! Nie noch haben Sie so gestaunt, wie Sie heute staunen werden! Hereinspaziert!" Das Plakat hat net g'log'n! Wia i weg'gangen bin, war i so zertepscht wia no nia! Aber i hab' g'wusst, wia 'n Prater g'holfen werd'n kann!"

„Aber, du Bimpf, es is ihm ja schon g'holf'n! Hoch Reinhardt!"

„Prater."

Band XII. — Nr. 296 | Wien, 1. Juni 1911 | Preis 32 Heller, 30 Pf., 40 Cts.

DIE MUSKETE

Alle Rechte vorbehalten
Nachdruck verboten

Humoristische Wochenschrift

Preis im Abonnement vierteljährlich K 4.—, Mk. 3.80, Frk. 5.—.

Herreinspaziert . . .!

(Zeichnung von Fritz Schönpflug.)

„Recht hast d', aber du waßt net alles! Wann die Wiener 'n Prater retten woll'n, müass'n s' jetzt zuagreif'n! Und nach wem müass'n s' greif'n?"

„Nach 'm Reinhardt!"

„So is 's! Der Reinhardt muaß 'n Prater großzügig reformier'n! Net zum sag'n, was der mit sein' Genie aus'm Prater mach'n kunnt'! I Siech's schon, wia 'r Watschenmänner aufbau'n lasst, a jeder so groß wia 's Tegetthoffmonument, so dass ma mit an' Aufzug fahr'n muaß, wann ma so an' Watschenmann ani einihau'n will! I hör' schon, wia s' in die Schiaßbud'n mit Kanonen schiaß'n! I schau schon zua, wia er 'n Schneeberg und die Rax in d' Leopoldstadt überführ'n lasst, so dass die Weaner endlich an aner echt'n Berg- und Talringelg'spielbahn eahna Freud' hab'n! I bin überzeugt, er leit't die Adria durch'n Prater und leicht si von d'r Regierung ausrangierte Dreadnoughts zum Spazier'nfahr'n aus, damit die Firmling' amal was erleb'n, auf was s' net mehr vergess'n können. Und i was 's, er lasst a Praterdrama aufführ'n, bei dem ganz Wien bis auf die klan' Kinder mitspielt, so dass die Zuaschauer aus d'r Provinz bezog'n wer'n müass'n! Kurz und guat, dann …"

„Kurz und guat, dann war' wieder was los im Prater und es zahl'rt si aus, wann's haßt: Herrrrreinspaziert! Hier sehen Sie, was Sie noch nie gesehen haben, was Sie nie wieder sehen werden! Kommen Sie und staunen Sie!"

Arbeiterzeitung, 22. September 1912, Seite 7–8.

Wettlauf der „herrschaftlichen Laufer". Karikatur aus „Hans-Jörgel" um 1845.

Achtung! Gleich wird überholt! Künstlerpostkarte, 1912.

Die Hauptallee

Läufe, Kutschen und Demonstrationen

Hätten die damaligen Läufer mit den heutigen Sportlern konkurrieren können? Möglicherweise schon, obgleich sie damals weder Hinweise von Leistungsdiagnostikern und Sportmedizinern erhielten und daher zu keinem qualifizierten Training befähigt waren, das etwa den Aufbau der Muskeln optimieren hätte können.

Die ersten Rennen auf der Hauptallee fanden am 1. Mai im Jahre 1822 statt. Die großen adeligen Familien verfügten über Läufer, auch als „Vorläufer" bezeichnet. Sie liefen, wie der Name schon sagt, vor der Kutsche ihres Chefs, gekleidet in bunter Livree mit Goldtressen, Samtschnüren und Achselborten, wenn dieser eine seiner zahlreichen Reisen unternahm. Weiters trugen sie einen hohen Hut sowie den Läuferstab. Ihre Aufgabe war es, die Strecke zu sondieren, den Weg zu säubern, wenn etwa normales Volk diesen unstatthaft bevölkerte, und das Erscheinen der Herrschaft anzukündigen. Außerdem wurden sie für Botenläufe eingesetzt, da eine öffentliche Post noch nicht existierte. Ihre Pflicht war es, eine Nachricht oder ein Geschenk an einen Hochwohlgeborenen möglichst schnell zuzustellen.

So wie die Kicker von Red Bull waren sie Werbeträger ihres durchlauchtigsten Bosses, wie die Kicker von Red Bull Salzburg mussten sie zwar Blut schwitzen, erhielten aber im Gegensatz zu ihnen keine anständige Gage. Im Gegenteil, sie wurden gehalten wie die Pferde der Hochwohlgeborenen, und manche kümmerten sich um ihre Lieblingsrösser sicher intensiver und mit mehr Anteilnahme als um ihre Schlachtrosse unter den Läufern. Diese sollen in der Regel ihre Einsätze nur zwei, drei Jahre durchgehalten haben, dann erlitten sie damals noch nicht konstatierte Verletzungen, an denen sie nicht selten auch starben.

Illustrirtes Wiener Extrablatt, 3. Juli 1902

Schon vor den Praterrennen fanden in Wien Wettläufe statt. Dramatisch verlief ein Lauf am 20. April 1795: Der Sieger aus dem Hause Pallfy überquerte die Ziellinie und brach dann tot zusammen, der zweite schaffte es gerade und fiel in tiefe Bewusstlosigkeit. Beim aufgeklärten Bürgertum kollidierte dieses adelige Verhalten mit seinen Vorstellungen von Menschenwürde oder Humanität. Die erste Kritik äußerte der Journalist Moritz Saphir: **„Warum hat's am 1. Mai geregnet? – Weil der Himmel den Leuten den Kopf waschen will, daß sie das ein Manifest nennen, wenn man Menschen wie Tiere wettrennen läßt, bis ihnen das Blut zu Munde und Nase herausströmt.“**

Doch am 1. Mai schlug ihre Stunde: Die Läufer der adeligen Familie, meist starteten zehn bis zwölf, mussten im Prater ihre Geschwindigkeit unter Beweis stellen. Die adeligen Herrschaften beliebten auf ihren Läufer zu wetten, wie sie es von Pferderennen gewohnt waren, der Start erfolgte am Praterstern, wo für das gaffende Publikum Tribünen errichtet worden waren. Die Zuseher feuerten die Läufer mit den Namen ihrer Herrschaft an, also hoppauf Pallfy, hühott Kinsky. Die Strecke verlief, wie der Stadthistoriker Peter Payer erwähnt, vom Start über das Heustadelwasser zum Lusthaus und wieder zurück. Die Läufer benötigten für diese Distanz etwa 45 Minuten, als Schnellster galt der für die Schwarzenbergs rennende Franz Wandrusch, der 1845 und im Folgejahr 1846 etwa 40 Minuten benötigte.

Vergleiche zu den heutigen Läufern sind, wie oben erwähnt, schwer zu ziehen; jedoch hätte mich der mehrfache österreichische Meister über 1.500 Meter, Volker Tulzer, der sich privat nur „Luigi“ nennen ließ, mit dieser Zeit locker über die damalige Strecke gejagt. Auch mit den heutigen Marathonläufern lassen sich die damaligen Leistungen schwer vergleichen. Diese rennen ja seit dem Jahr 1984 sozusagen Frühjahr für Frühjahr durch den Wiener Prater – in Anbetracht der starken Äthiopier müsste man sie heutzutage mit Hoppauf Feleke oder Hühott Burka – nein, nicht was Sie jetzt denken, so heißt ein Läufer! – anfeuern.

Die offizielle Ausgabe des Festzug-Komitees.

Pauline Fürstin von Metternich auf dem Weg zum Blumenkorso.

Achtung, gleich wird überholt.

Rennen im Vormärz

Zurück zu den Rennen aus der Vormärzzeit. Mit der Revolution von 1848 konnte es sich der Adel nicht mehr leisten, seine Privilegien offen zur Schau zu stellen. Die Menschenhetz-Rennen wurden in der oben beschriebenen Form nicht mehr ausgeübt. Doch nach wie vor blieb die Allee die Korso-Achse des Adels und des mit Vehemenz nachrückenden Großbürgertums, das nach und nach nobilitiert wurde. Vor allem Geburtstage oder Hochzeiten der Familie des Kaisers gaben den Anlass zu publikumswirksamen Feiern. Betrachten wir etwa das Jahr der Vermählung des Kaiserpaares 1854. In der Hauptallee wurden 142 Säulen mit Beleuchtungskörpern aufgestellt, und neben dem Kaisergarten – gibt es heute nicht mehr, gehörte ursprünglich seiner Majestät dem Kaiser ganz alleine, wurde 1891 an eine englische Gesellschaft verkauft – stand eine Tribüne, auf der von Johann Strauß und seiner Band die „Elisabethklänge" uraufgeführt wurden. Und selbstverständlich durfte auch der durch seine Umzüge auf der Ringstraße in den Annalen der Geschichtsschreiber erwähnte Hans Makart nicht fehlen: Er stellte 1879 einen pompösen und üppigen Festzug zusammen.

Die Geschichte des Blumenkorsos

Der Trend von den Wettläufen über die langsamen Paraden in der zweiten Hälfte des 19. Jahrhunderts führte zum Themenkorso, und welches Thema sollte dem Hochadel angenehmer sein als „Frühling und Blumen"?

Der erste Blumenkorso wurde von Pauline Fürstin von Metternich am 29. und 30. Mai 1886 durchgeführt. Die Charity-Lady – oder Society-Diva, je nachdem – der damaligen Zeit war auf Grund der Heiratspolitik der adeligen Geschlechter sowohl Enkelin als auch Schwiegertochter des verhassten Klemens Metternich. Zur Kaiserin Elisabeth gab es große Differenzen in der Einschätzung des gängigen Frauenbildes: Die Kaiserin legte kaum Wert auf Etikette, welche wiederum der Fürstin die Welt bedeutete. Und während die Kaiserin die Verwendung von Schminke und Glitter glatt ablehnte, machte die Fürstin daraus eine eigene kostspielige Kunstform.

Aber zum Blumenkorso anno 1886: Auf der Hauptallee fuhren vierspurig die mit vielerlei Blumen geschmückten Kutschen des Adels vom Praterstern zum Lusthaus und wieder zurück. Was hieß da schon geschmückt. Von Arrangeuren wurden die Kutschen dekoriert, von Floristen modelliert. Jawohl, vierspurig, je zwei Spuren in jede Richtung. Zusammen machte das etwa 1.000 Kutschen. Nach Lust und Laune wurde das Hin-und-her-Kutschieren beliebig oft wiederholt. Und der Auffahrplan für die Zeremonie ist sicher wochenlang ausgetüftelt worden.

Doch das reichte dem gaffenden Volk nicht an Unterhaltung. Deshalb wurde noch Bier ausgeschenkt – eigentlich eh klar wie Schnaps. Außerdem wurden elektrische Sonnen vorgestellt, geliefert von Siemens & Halske. Ein zarter dunkler Teint – übrigens dereinst eine Auszeichnung des Adels – konnte so binnen kurzer Zeit betont werden. Für überflüssige männliche Energien standen Gewichte bereit, die gestemmt wurden, das ist ja nichts Neues, und Fässer, die

geworfen wurden, was für eine Hetz'. Für den Eintritt musste man allerdings blechen, und zwar nicht zu wenig: Eine Karte kostete 30 Gulden. Allerdings wurde von der Fürstin Metternich der Reinerlös der Veranstaltung an die Wiener Rettungsgesellschaft gespendet.

Der Blumenkorso ohne Pferde

Wegen des großen Erfolges wurde der Blumenkorso auch im Folgejahr wiederholt, am 4. Juni 1887. Von nun an blieb er sozusagen fixer Bestandteil des Frühlingsfestes. Zudem wurden modische Errungenschaften öffentlich zur Schau gestellt: So konnte das Volk im Jahr 1895 die Luftschiffer- und Athletengruppe des Victor Silberer bewundern. Victor Silberer, ein begeisterter Ballonfahrer und Reiter, hatte es durch die Herausgabe von Sportzeitungen zu unermesslichem Reichtum gebracht und auf dem Semmering das heute noch bestehende Silberer-Schlössl errichtet. Karl Kraus schrieb über ihn: „Er sei nach Amerika gegangen, um die Journalistik, den Sport und das Geldverdienen zu erlernen!"

Blumenkorso, 2016.

Im Jahre 1897 erfolgte der erste Radfahrer-Blumenkorso. Die Tätigkeit des Radelns war damals – noch vor dem Aufkommen des Automobils – total en vogue und wurde von vielen Radsportvereinen gefördert und gepflegt. Erst durch das bald aufkommende Automobil sollte es für lange Zeit aus dem Verkehr mehr oder weniger verschwinden. Es kam dann auch, was kommen musste: Im Jahre 1925 der erste Automobil-Blumenkorso. Die Kutschen mit den schnaubenden Rössern waren illustre Vergangenheit.

In der Zeit nach dem Zweiten Weltkrieg startete man am 12. Juni 1948 mit dem ersten Nachkriegs-Blumenkorso, ab 1964 musste man dabei auf Autos verzichten, weil die Hauptallee nur mehr den Fußgängern, Radfahrern und Reitern offenstand. Der zehnte Korso wurde am 24. Juni 1989 abgehalten. Und zum 250. Geburtstag, also im Jahr 2016, fand am 9. April ein Blumenkorso statt. Dabei promenierten geschmückte Kutschen, Oldtimer und Traktoren, unterstützt – oder behindert – von einer Vielzahl aus dem gesamten Bundesgebiet kommender Musikkapellen.

Der Blumenkorso und die Wiener Arbeiter

Im Jahre 1890 fand zum ersten Mal die Erster-Mai-Demonstration der Wiener Arbeiter statt. Sie engagierten sich damals für die gesetzliche Durchsetzung des Acht-Stunden-Tages. Nach amerikanischem Vorbild wählte man für den Aufmarschtermin den 1. Mai. Laut Augenzeugen nahmen 100.000 Arbeiter an dieser Machtdemonstration teil. 100.000 Arbeiter auf der Hauptallee? Und das übrigens bei strömendem Regen? Wie diese Zahl eruiert wurde, das bleibt im Dunkel der Geschichte verhüllt.

Die Reaktionen auf diesen Marsch der Arbeiterklasse durch das Herz des „feinen Wiens" waren logischerweise zweigeteilt. Einerseits schwärmte der Parteigründer und Arzt Victor Adler in der Arbeiterzeitung: „Er ist sehr schön, der 1. Mai, und die Tausenden von Bourgeois und Kleinbürgern werden es den Hunderttausenden von Proletariern gewiss gerne vergönnen, sich auch einmal das berühmte Erwachen der Natur, das alle Dichter preisen und wovon der Fabrikszwängling so

„Politische Discourse bey Grandauer im Prater“ von Johann Nepomuk Höfe, 1850.

wenig bemerkt, in der Nähe zu besehen." Andererseits war der in seiner Gesinnung stets dem Hochadel verpflichtete Hugo von Hofmannsthal entsetzt und empört über die demonstrierenden Sozialisten. Seine Wut und Ohnmacht formten dieses in der literarischen Öffentlichkeit aus guten Gründen kaum bekannte Gedicht:

1. Mai 1890, Prater gegen 5 Uhr Nachmittag

Tobt der Pöbel in den Gassen,
ei mei' Kind, so laß ihn schrei'n
Denn sein Lieben und sein Hassen
ist verächtlich und gemein!
Während sie uns Zeit noch lassen,
wollen wir uns schöner'm weih'n
will die kalte Angst dich fassen,
spül sie fort in heissem Wein!
Laß den Pöbel in den Gassen:
Phrasen, Taumel, Lügen, Schein.
Sie verschwinden, sie verblassen,
schöne Wahrheit lebt allein.

In der Tat führte die Abhaltung der Demonstration der Sozialisten zur Ausrufung der Terrorstufe 1: Militäreinheiten wurden im Prater versammelt, Bürgerwehren wurden gebildet, die Regierung überlegte die Einführung des Standrechtes, Regierungsvertreter verschiedener Staaten reisten in den Prater, um dieses ungewöhnliche Ereignis zu beobachten und daraus ihre Schlüsse zu ziehen. Und was passierte? – Nichts. Schon 1890 galt in den Reihen der Sozialisten als eines der wichtigsten Prinzipien die Parteidisziplin, und Victor Adler und seine Mitstreiter achteten sorgfältig darauf, dass die Geschlossenheit des Aufmarsches gewahrt blieb. So konnten alle Störungen durch mit der vorgegebenen Linie Unzufriedenen verhindert werden. Auch in den nächsten Jahren sollte am 1. Mai die Hauptallee für die demonstrierenden Arbeiter vorbehalten sein.

Eine Auszeichnung für einen Teilnehmer des Blumenkorsos – sogar Platz 1!

Blumen, die von den Wagen fielen, wurden auch gern von Zuschauern mit nach Hause genommen. 29. Mai 1899.

* Blumen-Corso, 1908 *

[…] Fürstin Clementine Metternich-Sandor brachte in den 80er Jahren des abgelaufenen Jahrhunderts eine Neuerung. Bemüht, ihrem allbekannten Wohltätigkeitssinn durch Veranstaltung großartiger Festlichkeiten immer neue Geldquellen zu eröffnen, brachte sie aus Paris, wo ihr Gemahl die hervorragende Stellung des k.k. österr. Botschafters bekleidete, eine Fülle origineller Anregungen und Ideen mit, und was die Hauptsache war, sie kannte ihre Wiener und wußte, daß diese überall gerne mit tun würden. […]

Rudolf Eder
Znaimer Tagblatt, 31. Oktober 1908.

Die Zäsur kam Ende 1914 mit dem Ersten Weltkrieg, mit dem Hinblick auf die Kriegsbegeisterung mancher Teile der Partei gab es 1915 keine Maiaufmärsche mehr. Über die mit dem Kriegseintritt erfolgte Zäsur der sozialistischen Bewegung mögen die Historiker urteilen. Nach dem Ersten Weltkrieg siegten die Sozialisten bei den Wiener Gemeinderatswahlen und stellten im Rathaus den Bürgermeister. So war es folgerichtig, dass die Aufmärsche am 1. Mai ab 1919 auf der Ringstraße durchgeführt wurden, mit der Abschlusskundgebung am Rathausplatz. Geblieben ist allerdings mit der „Straße des ersten Mai" die Hauptstraße im Wurstelprater und immer wieder ähnliche Diskussionen:

* Hände weg vom Prater!, 1926 *

Massenversammlung gegen die Freigabe der Hauptallee für Automobile

Als Beginn einer großen Aktion zur Rettung des Praters vor der seit Jahren immer wieder versuchten Verschandelung und Verräucherung der Hauptallee fand gestern eine große Versammlung bei Kadermann

Die Hauptallee am Tag des Blumenkorso.

statt. Trotz des schönen Sonntagwetters war der Besuch so zahlreich, daß die Versammlung im Freien abgehalten werden mußte. In lauten Zurufen gaben die Versammelten ihren Unmut über die Regierung zu erkennen, deren Absicht, den Prater zu verunstalten, auf Böswilligkeit gegen die Gemeinde Wien zurückgeführt wurde. [...] Dr. Kapeller vom Verein Praterschutz verweist darauf, daß infolge der Auspuffgase in Wien bestimmte Lungenerkrankungen und Gasvergiftungen immer häufiger werden. [...] Im gleichen Sinne sprach Bezirksrätin Amon für die Frauen des zweiten Bezirkes.

Vizebürgermeister Emmerling, stürmisch begrüßt, führte aus: Es gibt nur einen Weg, den Prater zu retten, er muß der Gemeinde Wien übergeben werden.. Die Hauptallee wird solange den Automobilbesitzern verlockend erscheinen, als sie in ihrer heutigen Form Anreiz zur Benützung als Rennbahn bietet. Wenn sie teilweise in einem großen Naturpark einbezogen ist, werden auch die Versuche aufhören, sie als Prunk- und Wettfahrten zu benützen. Die Zustände im Prater sind in sanitärer Beziehung unhaltbar geworden. Es kann jedoch von der Gemeinde nicht gefordert werden, daß sie auf fremdem Eigentum Kanäle, Gas- und Wasserleitungen baut. Die Gemeinde Wien hat bewiesen, daß sie imstande ist, den gesundheitlichen Bedürfnissen der Bevölkerung Rechnung zu tragen. Die Wiener haben ein Recht auf ihren Prater. [...]

Arbeiter-Zeitung, 20. September 1926.

Der Feuerwerksplatz im Prater um 1800.

Der Feuerwerksplatz im Prater um 1825.

Die Feuerwerker und Ballonfahrer

Ein öffentlicher Raum wie der Wurstelprater – keine Verbauung, also keine störenden Anrainer, leicht zu erreichen, für Speis und Trank wurde gesorgt – war prädestiniert für publikumswirksame Events, und das attraktivste Event ab 1771 war ein fulminantes Feuerwerk. Laut Historikern gebührt dem Italiener Peter Paul Girandolini der Verdienst, das erste Feuerwerk organisiert zu haben, zu dem etwa 10.000 Besucher erschienen.

Der aus dem deutschen Ingolstadt nach Wien gezogene Johann Georg Stuwer (Ha, denkt sich jetzt der gelernte Wiener: Stuwerviertel!) , der sich beruflich als „k.k. privilegirter Kunst- und Luftfeuerwerker" bezeichnete, konterte zwei Jahre später, also 1773: Auf einer nördlich der heutigen Ausstellungsstraße gelegenen Wiese, die fortan auch Feuerwerkswiese genannt wurde (eben deswegen Stuwerviertel!), ließ er ein großes Holzgerüst errichten, auf dem seine pyrotechnischen Artikel montiert wurden. Zudem kümmerte er sich um Tribünen für die Zuseher. Wer schaut, der muss auch zahlen. Der Eintritt kostete auf der ersten Tribüne 1,40 Gulden, auf der zweiten einen Gulden, ein Stehplatz auf der Wiese kostete immerhin 20 Kreuzer. Das war es aber auch wert, denn Herr Stuwer konnte den Nachthimmel mit feurigen Sprüche illuminieren oder mit figuralen Szenen, beispielsweise aus Goethes „Die Leiden des jungen Werther". Sogar Umrisse der Gebäude konnte er in den schwarzen Nachthimmel zaubern, selbst die Konturen des Schloss Schönbrunn. Sein Spektakel dauerte etwa 45 Minuten, bestand aus mehreren „Fronten" und schloss mit der „Hauptdekoration".

Feuerwerkisches Buhlen um Wien

Abwechselnd kämpfte nun das „welsche" Feuerwerk des Herrn Girandolini, der zusätzlich in der Nähe des Tabors Feuerwerke abbrannte, gegen das „deutsche" Feuerwerk des Herrn Stuwer um die Gunst von Publikum und Presse. Dabei wollte man nicht nur mit der Illumination des Nachthimmels überzeugen, sondern auch mit der Erzeugung von ohrenbetäubendem Lärm. Aus einem zeitgenössischem Bericht über ein Feuerwerk des „k.k. privilegirten Kunst- und Luftfeuerwerker" Stuwer:

„Zu diesem Ende hatte er in Bereitschaft: 200 Bomben, 100 Mordschläge, 80 Kanonenschläge, 150 Kartaunenschüsse, 300 Pelotenfeuer, 48 Schnurläufer, 64 Granatfässer, 600 Schlagraketen und drei geladene Batterien."

Schließlich hatte der lauter ballernde und das Getöse vorziehende Herr Stuwer die Nase vorne. Einerseits fanden seine Feuerwerke stets am Freitag statt, die des Herrn Girandolini hingegen am beim Publikum weniger beliebten Sonntag. Zudem verkaufte er als geschickter Unternehmer auch seine pyrotechnischen Artikel an die zahlenden Gäste, die dann zu Hause oder bei ihren Freunden private Feuerwerke veranstalten konnten. Die gefährlichen Artikel hatten schmusige Bezeichnungen wie Handpufferln, chinesische Bäume, Raquetten, laufende Brillantensonnen und doppelte Kontrabrillantwalzen. Bei der Produktion eben dieser pyrotechnischen Artikel flog allerdings sein Laboratorium zwei Mal in die Luft, erstmals im Sommer 1774 und das zweite Mal am 22. Oktober 1785. Wie oft die Wohnstätte der experimentierenden Kunden explodierte, lässt sich heute nicht mehr genau eruieren. Auch mit dem Wettergott hatte Stuwer keine günstige Abmachung getroffen: Zu den angekündigten Terminen soll es oft aus allen Schaffeln gegossen haben, sodass ein Wiener Bonmot der damaligen Zeit lautete: „Wenn der Stuwer ein Feuerwerk ansagt, dann regnet es sicher."

Am 6. Juli 1784 sollte Stuwers Ruhm endgültig in bisher nie gekannte Höhen steigen. Angeregt durch die Kunststücke der Brüder Montgolfier ließ er einen bemannten, jedoch mit Seilen verankerten Ballon aufsteigen. Statt eines Korbes ließ Stuwer ein großes hölzernes Schiff befestigen. Eine eindrucksvolle Innovation. An Bord waren er selbst, sein Sohn Kaspar sowie drei weitere Mitarbeiter. Im August 1784 kam es bei der Wiederholung dieses Kunststückes zu einem Zwischenfall: Der bemannte Ballon stieg auf, doch dann rissen durch einen Windstoß die Seile. Der Ballon schwebte über die Donau und landete irgendwo in der transdanubischen Pampa. Die mit Namen nicht bekannten Ballonfahrer überlebten – angeblich war Stuwers Sohn Kaspar darunter. Diese Unbekannten gingen in die Geschichte als erste Pioniere der bemannten Luftfahrt Österreichs ein.

* Spazierfahrt, 1814 *

[...] Nach einer Spazierfahrt im Prater, wo der Adel, nebst allen Fremden und eine unzählbare Volksmenge sich eingefunden hatte, begaben sich die allerhöchsten und höchsten Herrschaften auf den Feuerwerksplatz, in die Hofloge und auf die Gallerien, um dem Feuerwerke des Herrn Stuwer, das allen Erwartungen entsprach, beizuwohnen.

Es bestand aus 6 Fronten, welche einen Blick in die Zukunft, die prophetischen Gestirne, das Höchste des Lebens, den Zirkel der Freude, Europas Völker Dank und den Gürtel der Eintracht, symbolisch versinnbildlichten. Am schönsten und glänzendsten war die Hauptdekoration, ein großes Triumphportal zwischen 2 Säulen und 2 Tempel, ebenfalls zwischen 2 Säulen. Jeder allen Völkern Europas teure Namenszug, der schimmernd hervortrat, wurde mit frohem Beifall begrüßt, den die belebende Gegenwart der hohen Monarchen, denen die Welt den Frieden und die Hoffnung glücklicher Zeiten verdankt, zu lautesten Jubel steigerte. [...]

Bregenzisches Wochenblatt, 14. Oktober 1814.

Der Ballonfahrer Blanchard

Doch auch der Franzose Jean Pierre Blanchard, der mit seinen tollkühnen Ballonfahrten imposanten Ruhm erlangte – so nebenbei bezeichnete er sich auch als Erfinder des Fallschirms – sollte von der Praterschen Feuerwerkswiese starten. Immerhin ein bisschen riskant, weil Monsieur Blanchard in Wien bereits zwei Fehlversuche geleistet hatte und deshalb nicht sicher sein konnte, ob das Wiener Publikum ihm beim dritten Mal akklamieren würde. Na und ob: Blanchards Versuch ereignete sich am 6. Juli 1791, ein Jahr vor der Kriegserklärung Frankreichs an die Monarchie. Er startete um 12 Uhr mittags, blieb etwa 14 Minuten lang sichtbar, dann verschwand

Die Landung des Blanchard in Groß-Enzersdorf.

„Die Luftschifferin im Prater", um 1820.

sein Ballon in den Wolken. Nach etwa einer Stunde Flugzeit landete er mit seinem Wasserstoffballon in Groß-Enzersdorf, einem an die Lobau grenzenden Ort in Niederösterreich. Daraufhin wurde er zum Ehrenbürger dieser ansehnlichen Gemeinde erkoren, worauf sich der weltberühmte Ballonfahrer als „Bürger von Calais und von Groß-Enzersdorf" bezeichnete.

* Die Eroberung der Luft, 1909 *

Renner und Blanchard.

Gleich bei den ersten Aufstiegen, die jetzt der Ballon der Renner-Buben machte, wurde er vorgestern über die Donau gegen das Marchfeld getragen. Es war der erste Lenkballon, den die Wiener sahen, der nun unfreiwillig eine Reise außerhalb der Stadt machte, dessen Route merkwürdigerweise ziemlich mit der übereinstimmt, die der erste Ballon nahm, den die Wiener vor 118 Jahren beobachten konnten. Am 6. Juli 1791 stieg der französische Luftschiffer Blanchard, der nach Wien gekommen war, um seine Kunst zu zeigen, vom Prater aus mit dem Ballon um 12 Uhr Mittags auf. Er verschwand schon nach vierzehn Minuten in den Wolken und kam erst nach einer halben Stunde wieder zum Vorschein, zur Freude aller, die ihn schon verloren glaubten. Als man seinen Ballon sinken sah, trieb dieser über die Donau hinüber gegen das Marchfeld. Um 1 Uhr Nachmittags landete er in Groß-Enzersdorf, von den Einwohnern und der Gemeindevorstehung festlich empfangen. Mit Musik wurde Blanchard in den Ort geleitet, dort sofort in einer Sitzung des Bürgerausschusses zum Ehrenbürger ernannt und am Abend mit einem Wagen nach Wien geführt.

Dieser erste Ballonaufstieg verlief daher ähnlich wie die Fahrt Anatole Renners, nur mit dem Unterschied, dass die Automobile heute eine raschere Rückbeförderung ermöglichen als vor 118 Jahren.

Arbeiterzeitung, 19. Oktober 1909, S. 7.

Stuwers knallendes Ende

Schließlich musste der Herr der Wiener Feuerwerke an sein Ende denken. Unter dem Motto „Tag der Dankbarkeit" brannte Jo-

hann Georg Stuwer am 29. September 1799 sein letztes Feuerwerk ab. Auf dem Ankündigungszettel stand: „Ich werde also wahrscheinlich binnen einem Monat von meiner Schaubühne abtreten und zwar mit einem Feuerwerke, desgleichen während 26 Jahren in Wien keines gesehen worden."

Am 4. Jänner 1802 verstarb er im Haus Große Sperlgasse 4. Die Feuerwerke blieben im Familienbesitz und durchliefen eine wechselhafte Geschichte. Sein Enkel Anton Stuwer musste verkraften, dass am 7. Mai 1833 während eines Feuerwerkes ein Teil seiner Anlage explodierte – angeblich wegen Brandstiftung. Das spektakuläre Ereignis wurde vom Maler Johann Josef Schindler in einem Bild festgehalten, das sich heute in der Galerie Belvedere befindet. So nebenbei erwähnt hätte die Familie Stuwer nach den heute gültigen feuertechnischen Bestimmungen nie und nimmer die Erlaubnis zur Durchführung ihrer Veranstaltungen erhalten.

Am 5. Jänner 1858 erschoss sich der Enkel Anton Stuwer versehentlich selbst. Er suchte nach einem vermeintlichen Einbrecher, wobei der Hahn seiner Schrotflinte im Astwerk hängen blieb und dadurch den Schuss auslöste. Der Urenkel des alten Stuwer sollte sich nicht mehr lange über die Ausübung der Feuerwerke freuen können: Während der Vorbereitung für die Weltausstellung, die 1873 in Wien stattfand, mussten im Jahre 1871 das Feuerwerksgerüst und die Tribünen für immer abgetragen werden. Adelbert Muhr vermerkte, „der äußere Anlaß zum Erlöschen war die Weltausstellung gewesen, der innere Grund aber die Abkehr von der barocken Freude an illusionistischen Effekten".

Erhalten blieb einzig und allein das Stuwerviertel im zweiten Wiener Gemeindebezirk.

Wirtshausgäste im Prater um 1908. (Foto Dr. Emil Mayer)

Bevor die Gäste kommen. Um 1900.

Die Kaffeehäuser
Mahlzeit, Prost und viel Applaus

Das Erste Kaffeehaus

An der Hauptallee – wissen wir schon: bevölkert in Massen von Fußgängern und Equipagen, mögliche Eskalationen sind daher vorprogrammiert – entstanden logischerweise Kaffeehäuser. Im Gegensatz zu den Wirtshäusern im Wurstelparter galten sie als Treffpunkte der feinen Gesellschaft, man konnte hier ohne Furcht vor dem Pöbel standesgemäß dinieren. Nach der altrömischen Methode der Benennung der Söhne (Primus, Secundus, …) wurden sie als Erstes Kaffeehaus, Zweites Kaffeehaus sowie Drittes Kaffeehaus bezeichnet.

In der Gegend des heutigen Schweizerhauses schlug das Erste Kaffeehaus seine stabilen Pforten auf. Historiker bezeichnen das Jahr 1786 als Gründungsjahr, zum ersten Mal erwähnt wurde das Kaffeehaus 1799 von einem gewissen Franz Anton de Paula Gaheis, der in seinem Werk „Wanderwege und Spazierfahrten in der Gegend um Wien" auch den Prater beschrieb. Eigentlich war dieses Kaffeehaus ein Konzertsaal, kombiniert mit einem Restaurant, oder umgekehrt, ein Restaurant komplettiert mit einem Konzerthaus. Und dort trat , man möcht es fast nicht glauben, anno 1814 Ludwig van Beethoven als Pianist auf. Zusammen mit einem Geiger und einem Cellisten spielte er sein Klaviertrio op. 97, auch bezeichnet als Erzherzogtrio. Angeblich war dies der letzte öffentliche Auftritt des Komponisten, der damals schon schwer von seiner Taubheit gezeichnet war.

Zehn Jahre später, 1824, gastierte noch Josef Lanner, doch dann wechselte das Kaffeehaus oft den Besitzer und noch öfter den Verwendungszweck. Einmal wurden die zahlreichen Praterbesucher in eine Bierhalle gelockt, dann wiederum in einen Bridgesalon. Auch die erste Hungerkünstlerin der Welt, eine gewisse Augustine von Schenk, gastierte im Jahr 1905 im Ersten Kaffeehaus. 21 Tage lang konnten die an den Tischen Speisenden ihr beim Hungern zusehen. Schlussendlich brannte es im Jahre 1945, verursacht von Kriegshandlungen, bis auf die Grundmauern ab.

* Im Prater, 1927 *

Es ist der 1. Mai, etwas nach 4 Uhr nachmittags und gerade auch Sonntag und der heiterste Himmel. [...] Links am Wege stehen die Restaurationshäuser, die sogenannten Prater-Kaffeehäuser, aus ihnen erschallt Musik; unter den Bäumen stehen viele tausend Sessel, besetzt von geputzten Menschen. Das redet, das lacht, das braust, das klingelt an die Gläser, ruft nach Kellner und Markör – und vorüber den Augen auf und ab haspelt sich dasselbe Ziehen und Rollen der glänzenden Wagen, und soweit das Auge schaut, ist es, als nehme die Allee kein Ende.

So wie sich hier die gewähltere Gesellschaft bewegt, so treibt sich weiter links das eigentliche Volk. Ihm ist aber bloßes Spazierengehen oder Fahren weitaus nicht genug, sondern es verlangt nach wesentlicheren Freuden und diese sind nun ringsum und überall ausgebreitet. Tritt hier links heraus aus dem Strome und ein großer Rasenplatz, mit uralten Bäumen besetzt, nimmt uns auf und auf ihm herumgestreut liegen all die Anstalten zum Vergnügen des Volkes. Alles, was je berühmt war, steht von Wachs in jener Hütte; einer lässt sich sehen, weil er zu groß, ein anderer, weil er zu klein ist; einer frisst Feuer, ein anderer speit Seidenbänder und auf der Brust eines dritten wird wie auf einem Amboss schrecklich gehämmert und darunter schallt das Klopfen und Klingeln des Wurstels, der in seiner hohen, schmalen Bude eben wieder sein neues Spiel beginnt. Einer oder zwei ragen über den andern empor und spielen Szenen von einer Bühne herab, die gepriesen und belacht werden; auf der andern Seite des Baumes deklamiert einer und der Harfenist reißt wütige Töne auf den Saiten, um mit seinem Gesange durchzudringen, während von fern die Töne eines Leierkastens herüberklingen; und mit den Gläsern wird geklopft und es wird gerufen. Wendest du dich ab, so steht dort unter noch größeren Bäumen wieder eine Hütte, rechts wieder eine, weiter ab wieder eine – und überall ist dasselbe Bild oder ein noch lebhafteres. Musik schallt durch die Zweige, sie heißt nicht umsonst eine türkische – die große Trimmel eilt und tummelt sich und zu dem Geschwirre fliegen Reiter in einem Kreise auf hölzernen Rossen herum und stoßen Türkenköpfe herab und anderes. Dort auf mehreren Schaufeln werden ganze Frachten von Menschen geschaukelt, dass die Stricke knarren und die Bäume sich biegen.

Du findest dich mitten im sogenannten Wurstelprater. In der Hauptallee ist Glanz und Prunk, hier aber echte Volksluft, die sich das Volk selbst gibt und die ihm wohl bekommt.

Edgar Weyrich
Alt-Wien. Kulturbild aus Wiens Glanzzeit. 4. Teil.
Deutscher Verlag für Jugend und Volk GmbH. 1927, S. 209–214.

Das Zweite Kaffeehaus

Das Zweite Kaffeehaus oder Wagnersche Kaffeehaus stand an der Stelle des heutigen Hockeyplatzes. Zur selben Zeit entstanden wie das Erste, unterschied es sich durch die gewaltige Größe sowie durch einen Anstrich von neoklassizistischer Noblesse. Es beinhaltete eine Vielzahl von Räumlichkeiten, so das Hauptgebäude, einen achteckigen Salon, dazu vier weitere Salons, ein Billardzimmer und einen Wintergarten.

Die Eigentümer – etwa Ignaz Wagner oder später Georg Steblein – hatten den Ehrgeiz, nur die besten Kapellen Wiens zu engagieren. So spielten im „Zweiten" unter anderem die Brüder Strauss, aber auch Carl Michael Ziehrer mit ihren jeweiligen Bands auf. Wobei Johann Strauss jr. hier am 31. Oktober 1844 nach seinem kurz vorher erfolgtem Debut beim Dommayer in Hietzing das zweite Mal in seinem öffentlichen Leben den Taktstock schwang.

Von Iganz Wagner wird diese traurige Geschichte überliefert: Seine Tochter Antonie, kurz Toni, war die große Liebe von Ferdinand Raimund. Da dieser schon verheiratet war, versuchte Vater Wagner diese Verbindung nach Kräften zu verhindern. Heimlich schworen sich Ferdinand Raimund und Toni Wagner im Jahre 1821 ewige Treue – vor der 1697 aufgestellten Mariensäule in der Mitterwurzergasse im Weinort Salmannsdorf. Schmollend und mit Depressionen zog sich Ferdinand Raimund mit seiner Toni nach Gutenstein zurück. Dort beging er am 30. August 1836 wegen eines Hundebisses einen Selbstmordversuch, an dessen Folgen er zwei Tage später starb. Seine Villa erbte übrigens Antonie Wagner.

Werbung für das Zweite Kaffeehaus.

Das Zweite Kaffeehaus im Prater in einem Stich von N. Bittner um 1805.

Das Zweite Kaffeehaus wurde vom selben Schicksal ereilt wie das Erste: Es brannte 1945 total ab.

* Die Vergnügungslokale im Prater, 1872 *

[…] Herr Steblein gehört zu den Restaurateuren, welche den Weltruf der Wiener Prater-Kaffeehäuser gegründet haben. Über seine Küche und seinen Keller etwas zu sagen ist überflüssig, er scheint in direkter Linie von jenen Restaurateuren Ägyptens abzustammen, und nach deren Fleischtöpfen sich selbst im gelobten Lande die Kinder Israels sehnten. […]

Wiener Weltausstellungs-Zeitung, 11. September 1872.

* Wien von Einst und Jetzt, 1902 *

[…] Alles strömte an das Ende der „Jägerzeile" – heute Praterstraße – wo sechs Alleen ihre Arme entgegenstreckten. Die Hauptanziehungskraft für die schaulustigen Alt-Wiener übte, wie heute, die „große Allee", jetzt Hauptallee, und hier staunte das Volk die Equipagen des kaiserlichen Hofes und der Aristokraten an. Dann wanderte man, nachdem die Schaulust gestillt war, in den Wurstelprater. Gleich am Anfang desselben stand der vielhundertjährige wilde Nußbaum gegenüber dem heutigen Eingange in Direktors Gabor Steiner's Englischen Garten. Das Volk hatte ihm den Namen „Christkindlbaum" gegeben und mit scheuer Ehrfurcht betrachteten die Groß- und Urgroßeltern als Kinder den sagenumwobenen Veteranen der Praterbäume. […]

Von da ab zog sich zu beiden Seiten der Allee eine Unzahl von kleineren und größeren Gasthäusern, Marionettenbuden, Ringelspielen, Schaukeln, Bänkelsängern und Schaubuden aller Art. Die populärsten und bedeutendsten dieser Prater-Etablissements waren Calafati's „Kunstcabinett mit Teufelskünsten und Geistererscheinungen" und das Wachsfiguren-Cabinett des Taschenspielers Sebastian von Schwanefeld.

[…] Das III. Kaffeehaus gilt als eines der wenigen Praterlokale, in denen man neben ausgezeichneten Getränken auch vorzügliche Speisen elegant serviert erhält und wird von Familien und Praterbesuchern, die gut und

Zum Fünfkreuzertanz! (Foto Dr. Emil Mayer)

zu entsprechenden Preisen soupieren wollen. […] Der Aufenthalt unter den schattigen alten Bäumen, bei den süß einschmeichelnden Klängen der vorzüglichen Wiener Militärkapellen, ist da besonders in den kühlen Abendstunden ein herrliches, ein kräftigender Erholungsort für die durch Arbeit und Sommerhitze irritierten Nerven der Großstädter. […]

Illustrirtes Wiener Extrablatt, 5. Juni 1902.

* Fünfkreuzertanz im Prater, 1909 *

Ein Liebespaar hat mich zum Fünfkreuzertanz geführt.

Sie war mir schon früher beim Ringelspiel aufgefallen, wo sie rasch eintrat und sich augenblicklich auf ein Pferd schwang, mit so viel Entschlossenheit, als wollte sie sagen: Von der Arbeit zum Vergnügen, das muss eben sein! Dann nahm sie sich in der verwaschenen Bluse und dem weißen Kopftuch, hoch zu Ross, sonderbar genug aus. Und wie das Ringeln anfing, schaute jedermann nach ihr, weil ihr hübsches Gesicht und ihre ganze Haltung solch ein leidenschaftliches Genießen, so tiefe Versunkenheit aussprach, so viel körperliche Hingabe und dabei so überraschenden Ernst. Man merkte, dass sie sich vollständig allein fühlte, dass die anderen Leute für sie nicht existierten. Später, als ich sie dann wiedersah, war sie freilich nicht mehr allein.

Ich vernahm, wie ein Budenausrufer mit einer wahrhaft tobenden Stimme von der Dame ohne Unterleib behauptete, sie sei das süße Mädel. Da blieb ich denn im Menschenschwarm stehen, um zu hören, wie der Mann seine immerhin schwierige Sache verfechten werde; und hier erblickte ich die Reiterin von früher wieder. Sie hing jetzt am Arm ihres Liebsten, den Kopf an seine Schulter gelehnt, während er, die Soldatenmütze weit zurückgeschoben, mit seinem jungen Antlitz, gläubig lächelnd, zum Ausrufer und zur Dame ohne Unterleib emporblickte. Ein Dritter kam herzu, und ich meinte zuerst, es sei ein Bekannter. Nur schien es mir sonderbar, dass der Mann barhaupt im Prater herumgehe. Es ergab sich jedoch, dass er gleichfalls ein Ausrufer war, ein Gehilfe sozusagen. Eigentlich aber noch ein blutiger Anfänger, denn er machte keine Späße; er sah auch gar nicht danach aus, als sei er zu Scherzen auf-

Wirtshausgäste im Prater um 1908. (Foto Dr. Emil Mayer)

gelegt, und er war offenbar noch zu schüchtern, um laut zu allem Volk zu sprechen. Deshalb begnügte er sich einstweilen damit, sich an die einzelnen zu wenden und ihnen ganz privatim die Vorteile auseinanderzusetzen, die der Besuch der Bude ihnen bringen würde. Dabei sprach er sehr leise, und wenn auch mit enormer Wichtigkeit, so doch sichtlich verschämt. Das Liebespaar hörte ihn ebenfalls sehr befangen an. Nie habe ich drei Leute in solcher Verlegenheit und so ratlos beisammen gesehen. Unwillkürlich nahm ich Anteil an dieser heillosen Situation und war auf den Ausgang beinah ängstlich gespannt. Die Reiterin aber führte die Geschichte rücksichtslos zu Ende, indem sie ihren Burschen an der Hand nahm und wegging. Ganz einfach. Da folgte ich den beiden, die jetzt rasch dahinschritten, neugierig, das Vergnügungsprogramm dieses entschlossenen Mädchens kennenzulernen. Sie eilten zum Tanz.

Unzählige Male bin ich an schönen Sommerabenden im Prater bei diesen Fünfkreuzerbällen vorübergegangen; oder manchmal für einen Augenblick nur stehengeblieben, um auf das Gewühl da drinnen zu schauen, mit jenem flüchtigen töricht-überlegenen Lächeln, das man gewöhnlich für die Freuden der Einfachen bereit hat. Wahrscheinlich wäre ich auch heute wieder vorbeigegangen, wenn mich nicht die Lust angewandelt hätte, zu sehen, ob sie auch so leidenschaftlich tanzen werde, wie sie sich ringeln ließ, so hingegeben und versunken.

Unsicher und mit dem gewissen Lächeln stand ich im Saal, schaute in das dichte Getümmel, blickte in den großen, schmucklosen Raum umher und redete mir ein, dass mich die raucherfüllte Luft bedrücke, dass mir der Kleiderdunst lästig sei, der aufwirbelnde Staub, der scharfe Biergeruch, der Tumult so vieler schreiender Stimmen, das unbarmherzige Tosen der Blechmusik, und dass ich in zwei Minuten gehen werde.

Meine Liebesleute suchte ich vergebens. Der Wirbel hatte sie verschlungen. Aber es fand sich Ersatz genug. Gleich das erste Paar, das sich für meinen irrenden Blick aus der Menge löste, fesselte mich im Nu. Sie tanzten langsam, einen schönen, sicheren Sechsschritt und hielten sich dabei umarmt, vielmehr sie hatten einander um den Hals gefasst und drückten Wange an Wange. Beide waren hochrot im Gesicht, der Schweiß lief ihnen über die Stirn, des Mädchens Haare hatten sich gelöst, aber sie achteten dessen nicht. Sie hielten immerzu die Wangen aneinandergepresst, beinahe Mund an Mund, und glitten dahin, wie in einer tiefen Erregung, so dass von ihrer Unbekümmertheit schier etwas Feierliches ausging.

Ein zweites Paar kam wiegend und sacht sich drehend einher. Sie ganz frisch und goldblond und zart, und er beinahe riesenhaft, aber schlank, mit einem Flaumbart. Und sie reichte ihm kaum bis zur Brust, lag in seinen Armen mit einem grenzenlosen Vertrauen, die Augen geschlossen, wie schlafend, und er sah hoch über sie hinweg, warf tapfere Blicke umher, und nahm sich aus, als rette er sein Glück aus tausend Gefahren. Dann aber kamen zwei, deren Mienen nicht wahrgenommen werden konnten, so blitzschnell drehten sie sich, so fabelhaft rasch sprangen sie vorüber. Sie schienen sich in einem Anfall von äußerster Raserei, ja in einer Art von rhythmischer Tobsucht zu befinden, in die sie durch die Musik gebracht wurden. Sie kamen bald darauf nochmals zum Vorschein, offenbar hatten sie so geschwind den ganzen Saal durchmessen. Sie, eine kleine, dicke, nicht mehr ganz jugendliche Person. Er, ein baumlanger Kerl, im Ruderleibchen und grauen Rock. Er musste sich tief herabbücken, seine Dame um die Taille zu fassen, und so, in dieser anscheinend qualvollen Haltung, die einer andauernden, devoten Verbeugung glich, schwang er sich wie ein gepeitschter Kreisel. Ganz in meiner Nähe fielen sie plötzlich, wie hingeschleudert, auf eine Bank, mit todblassen, benommenen Mienen, nach einer Sekunde aber sprangen sie wieder auf und wirbelten mit derselben, unbegreiflichen Schnelligkeit weiter. Noch einige Male kamen sie also angesaust, und es war auffallend, wie wenig sie sich in solchen Pausen umeinander scherten, da sie doch, tanzend, so begeistert zusammenhielten. Wie nach einer Krankheit saßen sie da, machten verstörte Augen, bis es sie wiederum ergriff und emporriss.

Ein Pärchen erzwang sich die Aufmerksamkeit, weil es sehr künstlich tanzte; bald nach rechts, bald nach links, bald geradeaus nach vorwärts, bald zurück. Dabei hatte sie ein gänzlich misslungenes Gesicht, darin, wie bei einem geborstenen Schränkchen, durchaus nichts klappen wollte, weder Mund noch Augen. Und er war ein bisschen schief von Wuchs, hatte einen ärmlichen, farblosen Bart, schielte ein wenig, und seine geringfügige Nase nahm sich unter einer dicken Hornbrille sehr gedemütigt aus. Aber beiden konnte man die Anständigkeit sogleich anmerken, und so tanzten sie auch: treu, ehrlich und fleißig, versäumten keine Figur, ließen sich keine Nachlässigkeit zuschulden kommen und hatten eine sachliche Freude des Gelingens, in der ihr gedrücktes Selbstbewusstsein frei wurde. Sorgloser gingen zwei andere zu Werke, die mit ruckweisen Drehungen im Tanze sich schwangen; die Köpfe weit zurückgebogen, dass sie einander beständig ins Antlitz schauen konnten. Und beständig lachten sie, als ob ein prächtiger Scherz ihnen von einem Mund zum andern ginge. Dabei sagten sie kein Wort, redeten nur mit den Augen, und das war wie ein Spiel fröhlicher Kinder.

Überhaupt war in allen diesen kindergleiche, vollkommene Hingabe an die Freude, und diesem tanzenden Gewühl entströmte eine unaussprechliche Glückseligkeit, mühelos verlockt, hingerissen und entfacht von ein paar Walzertakten und etlichen Trommelschlägen. Und die erwachende Sinneslust schlug die Harmlosigkeit hier keineswegs nieder. Vielmehr wurde all das Begehren, davon die Atmosphäre bebte, ins Unschuldige gerückt, da es so aufrichtig und mit solcher Selbstverständlichkeit sich äußerte. Was hier die Arme umeinanderschlang, das liebte sich, gleichviel, ob vorher schon oder jetzt erst, aber es gab keine andere Veranlassung zum Tanz als die Liebe. Sie tanzten mitsammen, weil sie sich liebten, und sie liebten sich, weil sie mitsammen tanzten.

Zwei Soldaten waren hereingekommen und standen neben mir. Artilleristen. Der eine von ihnen, aufragend und in der Fülle seiner Kraft, „schön wie ein junger Gott", mit blauen, fröhlich leuchtenden Siegeraugen. Der andere schwächlich, von der Uniform fast erdrückt, mit verprügelter Miene. Ein hübsches blondes Mädchen sprang ihnen entgegen, flog mit ausgebreiteten Armen auf den schönen Burschen zu und küsste ihn, munter, herzlich, vergnügt. Er ließ sich's gefallen und meinte nur, auf den Kameraden deutend: „Dem gibst d' a a Bussl!" Sie zögerte keinen Moment, lächelte, stellte sich auf die Zehenspitzen und küsste den Verprügelten. Dann wartete sie, dass der Schöne sie zum Tanze führe. Der aber schaute gelassen umher, achtete ihrer kaum. Er war nicht in der Geberlaune. So ließ sie sich denn vom andern umfangen.

Ein Ländler begann, eine kleine, bescheidene Melodie, die sich zufrieden im Kreise um sich selbst drehte, dann wieder innehielt, um sich gleich wieder gutgelaunt weiterzuschwingen. Und jetzt waren die Großstadtkinder und die vom Land Zugereisten deutlich zu unterscheiden. Für die einen war's eben nur wieder ein Walzer, die anderen aber fingen an, sich in kleinen Gehschritten kirchweihmäßig zu wiegen, in jener ernsthaften Ruhe, mit der die Bauern den Tanz als eine feierliche Arbeit traktieren, und das Bauerng'wand schien unter mancher Uniform jetzt sichtbar zu werden. Ein Juchschrei flog da und dort empor, den Erinnerungen an das ferne Dorf entstiegen, Händeklatschen, mühevolle Verschlingungen. Heimatkunst, in bescheidener Munterkeit verrichtet.

Inmitten dieser stampfenden, jubelnden, lachenden und liebenden Jugendseligkeit regt sich der Wunsch, hier nicht als Fremder stehen zu müssen, nicht wie nach fremden Tieren auf diejenigen zu schauen, die in Ursprünglichkeit und ungebrochener Lust genießen, nicht in Grübelei und nachdenklichem Zögern den Inhalt froher Stunden zu messen, sondern Anteil nehmen zu können, besinnungslos und ohne Rückhalt. Und da erträumt sich die Phantasie einen jungen Menschen, der, in allen Finessen des Geistes, des Wissens und der Kultur geschmeidig, dennoch so viel Schnellkraft sich bewahrt, dass der den Subtilen gelegentlich entwischt, seinen Lebensunband hierher zu tragen, der untertaucht in diesem dampfenden Tumult einfältiger Urtriebe, und dann neugebadet zurückkehrt zu den anderen, die nur beziehungsweise Wehmut kennen und vieldeutige Sentimentalität.

Schon dem Ausgang zugewendet, erblicke ich meine Bekannte vom Ringelspiel wieder. Sie walzt jetzt mit ihrem Burschen, ihr hübsches Gesicht ist dunkelrot geworden und hat denselben Ausdruck von Versunkenheit wie vorhin, da sie auf dem hölzernen Schaukelpferd saß. Hier aber fällt sie gar nicht auf, denn hier gleicht sie völlig den anderen, denen das Leben und die Jugend noch so überaus einfach geblieben: Man arbeitet erst und geht dann tanzen. Sauere Wochen, frohe Feste!

Felix Salten
Das Österreichische Antlitz, 1909, S. 49–58.

Das Dritte Kaffeehaus

Das Dritte Kaffeehaus war das letzte auf der Strecke zum Lusthaus und fasste bis zu 5.000 Besucher. Die jeweiligen Besitzer – darunter auch Anton Ronacher – tendierten eher zu Theateraufführungen. So spielte man anfangs Stücke von Johann Nestroy und Jaques Offenbach, später wurde eher leichtere Kost bevorzugt, es gab eine Vielzahl von Varieté-Aufführungen. Ronacher engagierte gerne Liedermacher, wie den allseits bekannten Edmund Guschelbauer. Der unterhielt die speisende Hautevolee mit seinem bis heute unvergessenen „Alten Draher":

Wann i auf'd Nacht ins Wirtshaus kumm
da rennt der Wirt, der Kellner um
die Gäste schrei'n: servus alter Spatz
s'macht mir a jeder glei' an Platz
denn mi kennt alt und jung in Wien
weil i a alter Drahrer bin.

Das Dritte Kaffeehaus überstand erst einen Brand am 24. Jänner 1920, sodann fast unbeschadet den Zweiten Weltkrieg. Sein letztes Stündlein schlug jedoch im Jahre 1962: Es wurde abgerissen und musste einer Bowlinghalle weichen.

* Die Brandkatastrophe im Wiener Prater, 1920 *

In den Abendstunden des 24. Jänner ist in dem bekannten Vergnügungs-Etablissement III. Kaffeehaus im Prater ein Brand ausgebrochen. [...] Das Feuer fand während eines alpinen Kränzchens aus, das der Verein „D'Johannisbacher" veranstaltet hatte. [...] Das Dritte Kaffeehaus war wohl das bekannteste Konzertrestaurant. Ein Teil der sehr weiträumigen, aus hölzernem Fachwerk errichteten Baulichkeiten diente schon seit den Sechzigerjahren des vorigen Jahrhunderts der Varietékunst, die dort zuerst eine Stätte fand, als der nachmalige Gründer des Etablissements Ronacher, der Pächter des Dritten Kaffeehauses war. Später hieß das im Dritten Kaffeehaus untergebrachte Varieté „Pertls Orpheum", daß aber schon vor geraumer Zeit den Betrieb einstellte. Der große Saal

Das Dritte Kaffeehaus.

Gut besucht, das Dritte Kaffeehaus.

diente nun teils gelegentlichen Varietévorstellungen, zum Teil Bällen und Konzerten. Volkstümlich war aber dieses Etablissement hauptsächlich durch seine Gartenkonzerte, die im Sommer jeden Sonntag zahlreiche Besucher anlockten. Besonders in der Firmwoche war es das höchste, was man den kleinen Firmlingen zu bieten pflegte, daß man sie ins Dritte Kaffeehaus mitnahm und ihnen dort Milchkaffee mit Schlagobers nebst mächtigen Guglhupf anbot. [...]

Wiener Bilder, 24. Jänner 1920.

* Charleston im Wurstelprater, 1927 *

Langgezogen heulen die Sirenen der Fabriken. Arbeitschluß! Wochenende ist's und die Fabriken speien ihre Opfer aus. Prater! Sonnengold, Ringelspiel, Kastanienalleen, Lachen, ein toller Wirbel ausgelassener Freude, das ist der Prater! Lindlaue Sommernächte voll längstentschwundener Liebessehnsucht. Versunkene Jugendzeit. Griesgrämiger Alter, blickst du scheel auf die überschäumende Jugend? Und neben dem alten „Chineser" lacht die Jugend von heute im Autodrom.

Ja, der alte, ehrwürdige Prater hat's verstanden, sich jung zu machen. Auf alle mögliche Art kannst du dein Geld loswerden, man macht es dir sehr leicht. Oh, für's Geld kann man alles haben. In unserer gottgewollten Gesellschaftsordnung ist für Geld alles feil: Gesundheit, Menschwürde, Regenschirme und heiße Würstel.

Ein Ringelspiel, eins wie viele andre. Also hat man Konkurrenz, aber man wird die Menschen schon heranlocken. Modern sein ist die Losung, also spielt ein Jazzbandwerkel und ein Mensch tanzt. Charleston! Tanz ist der Ausdruck der Freude. Es wird schwer, zu glauben, daß das Freude sein soll, wenn man sich so die Beine verrenkt, aber über Geschmacksrichtung läßt sich nicht streiten. Zum Clown wird dieser Mensch. Clown? Der Mensch ist eine Tanzmaschine. Tanzen, tanzen und sonst nichts, wenn sich tausendmal Beine und Lunge gegen diesen Wahnsinn sträuben, der Hunger ist stärker. Die Menge steht und starrt. Starrt, wie dieses zweibeinige Wundertier hier tanzt. Charleston tanzt. Und wenn

Bild links: Zwei alte „Draher“. Bilder unten: Restaurationen im alten Prater.

das Werkel eine Pause macht – oh es macht keine langen Pausen –, so läuft der da droben um das Werkel, wie der Löwe in seinem Käfig auf und ab läuft. Menschenwürde und Gesundheit sind käuflich wie heiße Würstel. Tanz oder verhungere!

Golden leuchtet die sinkende Sonne auf die Blüten der Kastanien. Lachen und Frohsinn auf allen Wegen. Von allen Seiten klingen Töne durcheinander. Wurstelprater. Die Schatten der Buden werden länger und länger. Ein letzter scheidender Sonnenstrahl fällt auf ein Ringelspiel und einen Menschen, der tanzt. Charleston, den Tanz ums goldene Kalb.

Tiefer sinkt die Sonne. Und immer noch jammert das Werkel.

Und ein Mensch tanzt um einen Bissen Brot.

Kurt Röder

Arbeiter-Zeitung, 21. Mai 1927, S. 7.

AufgeLesen, bearb.: T.K.

Das Lusthaus

Und schlussendlich kann das heutige Lusthaus nicht fehlen. Einst ein kaiserliches Jagdhaus, stand es am Ende der Hauptallee und grenzte an einen der zahlreichen Seitenarme der Donau, dem „Wiener Wasser". Es gab sogar eine regelmäßige Schiffsverbindung zwischen der heutigen Schwedenbrücke und dem Lusthaus. Erst mit der Neuverlegung des Donaukanals im Jahre 1834 wurde das Lusthaus vom Wasser abgeschnitten.

Nach der Öffnung des Praters wurde das auch als Casa Verde, als grünes Haus, bezeichnete Jagdhaus von Isidore Canevale zu einem „Lusthaus" umgebaut. Um ein Versickern zu vermeiden, wurde es auf einem Sockel errichtet. Isodore Canevale wurde in Wien bekannt durch die Errichtung des Narrenturmes im ehemaligen Allgemeinen Krankenhaus. In diesem Rundturm wurden die als „Narren" Diagnostizierten verwahrt, eingesperrt, abgesondert.

Ein anderes Publikum traf sich ebenfalls etwas abgesondert hier im achteckigen Lusthaus: Dieses fungierte als Treffpunkt der feinsten Wiener Gesellschaft, auch der Kaiser soll hier öfter gesichtet worden sein. Die Bezeichnungen Nobelgaststätte oder Luxusgaststätte tauchten in den damaligen Zeitungen auf. Bei Jubelveranstaltungen im Prater, etwa den Blumenkorsos, oder bei Jubiläumsfeierlichkeiten stand das Lusthaus im Mittelpunkt der Festlichkeiten. Kaiser Joseph II. war so begeistert von diesem Lusthaus, dass er auf dem Laaerberg – mit freiem Blick gegen Simmering – dieses Lusthaus nachbauen ließ. Von diesem gibt es allerdings keine Spuren mehr.

Das Lusthaus kommt auch im berühmten Fiakerlied von Gustav Pick vor, das Alexander Girardi anno 1885 in der Rotunde dem staunenden Publikum vorstellte. **„Vom Lamm zum Lusthaus fahr i in 12 Minuten hin“**, so lautete eine Textzeile des berühmten Wienerliedes. Mit Lamm meinte Gustav Pick das Wirtshaus Zum Goldenen Lamm an der Schwedenbrücke. Nach wohlmeinenden Berechnungen wäre bei dieser Fahrt der Fiaker auf eine Durchschnittsgeschwindigkeit von 30 km in der Stunde gekommen. Also, ahüü und ahott. Übrigens: Reine Kunst ist immer rein. Aber zumeist entspricht sie einem höheren Sinn und Zweck, so auch das Fiakerlied von Gustav Pick. Es war ein Auftragswerk und wurde bezahlt von der Fiakerinnung, die ihren 100. Geburtstag feierte. Beim Zustandekommen des heutigen Klassikers galt es, so manche Hürde zu überwinden. Bekannt war die Aversion – ich möchte das Wort Feindschaft vermeiden – zwischen dem Textdichter Gustav Pick und dem Schauspieler Alexander Girardi. Herr Pick (seine jüdische Herkunft wird doch nicht der Grund für die Aversion gewesen sein) musste mit allen erdenklichen Mitteln zu folgendem Refrain genötigt werden:

Mei Bluat is so lüfti und leicht wia der Winds
I bin halt a echt's Weaner Kind

Und Herr Girardi weigerte sich standhaft, in der von ihm verhassten Montur eines Fiakers aufzutreten: Pepitahose, schwarzer Samtrock, leuchtendes Halstuch und der Halbzylinder am Kopf. Wegen seiner jüdischen Herkunft verschwand der Name des Textdichters Gustav Pick in der Folgezeit still und heimlich, ehe er ab der Annexion durch die Nazis überhaupt verschwiegen wurde. Zum Ausgleich möchte ich Herrn Pick kurz würdigen: Geboren ward er 1832 im jüdischen Ghetto zu Rechnitz, das damals noch zu Ungarn gehörte. Ab 1845 lebte er als Bankbeamter in Wien, im Nebenberuf zeichnete er sich als Klavierspieler und Textdichter aus. Sein Fiakerlied wurde eigentlich erst in der Version der „Wiener Schrammeln" zum überwältigenden Hit. Er starb 1921 in Wien. Ab 1938 starb er ein zweites Mal als Autor seiner Texte.

Zurück zum Lusthaus. In der Zwischenkriegszeit – o tempora, o mores – zogen andere Publikumsschichten ins Lusthaus, das man nunmehr als ordinäre Bar bezeichnen konnte. Flotte Schlager wurden geträllert und hurtige Tanzbeine geschwungen. Im Zweiten Weltkrieg wurde es fast vollständig zerstört, doch die Gemeinde Wien entschloss sich zur Rettung des Gebäudes. Das achteckige Lusthaus wurde den Originalplänen folgend wieder aufgebaut und im Oktober 1949 neu eröffnet. Heutzutage kann der hungrige Besucher etwa eine Altwiener Kohlroulade, ein Schulterscherzerl oder Trüffelgnocchi bestellen. Zum Trinken wird es wohl auch etwas geben. Der Autor wünscht: Mahlzeit und Prost!

Das Schweizerhaus und Kollegen

Abseits der Achse der Nobilität, der Hauptallee, schossen im spitzen Winkel zwischen besagter Hauptallee und der Ausstellungsstraße alle möglichen Gasthäuser, Wirtshäuser und Spelunken aus dem Praterboden. Oft leiteten sie ihre Namen von Tieren ab, sie hießen Zum Grünen Hirsch, Zum Weißen Ochs, Zu den drei Raben, später Zum Eisvogel. Beim gehobenen Bürgertum hatten sie nicht den besten Ruf. So ließ Emanuel Schikaneder in seiner Posse „Der Tiroler Wastl" einen Praterwirt auftreten, der „Königlhasen" als Wildbret und Raben als Fasane auftischt. Beim Kollegen Adolf Bäuerle kostet ein hervorragender österreichischer Wein, ein „Pantschelino mit Miscollanz", im Prater teure acht Gulden.

Und Felix Salten schrieb 80 Jahre später in seinem berühmten „Wurstelprater" über den Praterkellner: „Das ist eben eine besondere Gattung. Sie sind irgendwie dem Pülcher von der Burgmusik verwandt. Sie sind urwüchsig, ungeschliffen, naiv. Sie machen den Eindruck von geborenen Müßiggängern, die gleichsam nur aus Perversität arbeiten."

Karl Kolarik errichtete 1925 die „englische Fischbrotküche", die erste Schauküche Österreichs.

Das Schweizerhaus mit Besitzer Jan Gabriel.

Auf einen besonderen Aspekt verweist Thomas Hofmann in seinem Buch „Alltagsgeschichten aus der alten Leopoldstadt". Die Gäste des Schweizerhauses klagten im Jahre 1916 dessen Wirt, Herrn Johann Gabriel: Der Schaum sei künstlich, das Bier werde schlecht eingeschenkt, der dem Kunden verrechnete Preis sei höher als der auf der Speisekarte verzeichnete. Die Arbeiter Zeitung vom 27. September 1916 berichtete über diesen Fall:

„Gabriel und sein Geschäftsführer wurden von der Preistreiberei und dem Betrug freigesprochen, Gabriel aber wegen Amtsehrenbeleidigung gegen den Marktbeamten zu vierzig Kronen Geldstrafe verurteilt".

Ich betone ausdrücklich, dass diese Zeiten längst vorbei sind, und betrete beschwingten Fußes jenes Gasthaus, das 1886 als „Schweizer Meierei" gegründet und in dem ursprünglich Pilsner Bier ausgeschenkt wurde. Im Jahre 1920 kaufte es der damals 19-jährige Karl Kolarik, ein Sohn tschechischer Einwanderer. Ab 1926 importierte er ausschließlich Pilsner Bier, und ab diesem Zeitpunkt war für die nächsten Jahrzehnte alles geklärt. Im Schweizerhaus gibt es das beste Budweiser zwischen überhaupt und nirgendwo, und dazu nebst der bewährten Stelze die vorzügliche böhmisch-mährisch-slowakische Küche mit svičková, drštková polévka und halušky. Wer die österreichische Übersetzung nicht versteht, muss gleich ein Bier bestellen. Wer sie versteht, bestellt sicherheitshalber deren zwei.

Gründer Karl Kolarik war auch in Vereinen der tschechoslowakischen Zuwanderer tätig, so in der Slovanská Beseda, zu Deutsch „Slawische Unterhaltung". Seit seinem Tod im Jahr 1993 führt sein Sohn Karl Kolarik das Schweizerhaus weiter und der Weg vor dem Schweizerhaus wurde ihm, also dem Senior, zu Ehren Karl-Kolarik-Weg getauft.

„Und wie viele Krügel gibt's im Schatten?"

„So 27!"

„Und wie viele Krügel können Sie auf einmal tragen?"

„Auch so 27!" – So aus einem Gespräch des Autors mit einem hechelnden Kellner. Der erste Teil der Antwort kann verifiziert werden, man betrachte dazu ein Thermometer an der Hauswand. Zur Veri-

Die Unzufriedene, 5. Juli 1930

Am Schiessstand.

fizierung des zweiten Teils ist ein zweiter Besuch beim Kolarik nötig. Übrigens: Der Garten ist nach mehreren Wiener Bezirken geteilt!

* Der Prater, 1930 *

Wenn die Bäume wieder blühen, der Frühling seinen Einzug in Wien hält, dann lockt es die jungen und alten Wiener und Wienerinnen in den Prater. Über ihn ist schon viel gesagt, gesungen und gedichtet worden – ewig jung ist seine Schönheit, bezaubernd seine eigenartige Romantik.

Am Praterstern, inmitten des rasenden Gewühls der Großstadt, angesichts des Riesenrades, beginnst du deine Wanderung, tauchst unter im Gewirre drängender, gaffender, schaulustiger, lärmender Menschen, an hunderten Buden mit ihren schreienden Ausrufern und ohrenbetäubenden Leierkasten vorbei, und landest schließlich, zermürbt und todmüde von deiner Kreuz- und Querfahrt, in einem schönen Kaffeehaus- oder Wirtshausgarten oder in einer der herrlichen Auen, weit entfernt von dem großen Trubel…

Von oben, in einem Waggon des Riesenrades stehend, musst du dir das Bild zuerst betrachten, hoch über der verwirrenden Fülle der Erscheinungen: die vielen Ameisenhaufen durcheinanderwirbelnder Menschen, die Auen, Alleen und Wiesenflächen bis zur Donau hinunter, die Großstadt Wien selbst mit ihrem Riesenmeer von Häusern, den alten und auch den neuen Wohnhäusern, die seit zehn Jahren die sozialistische Gemeinde geschaffen hat.

Und nun hinein ins volle Menschenleben, wo du es anpackst, da ist es interessant! „Nur fünfzig Groschen, bitte!“ – und schon sitzt du im Autodrom, lenkst dein Auto und fährst, dass die Funken sprühen. Du bist mitten im Volksprater, da gibt es keine Atempause, schon fährst du im Canale grande in Venedig oder machst eine Fahrt mit dem Ringelspiel nach Paris oder London. Genügt dir das noch nicht, so fährst du mit der Hochschaubahn. Hoch über der gemeinen Welt geht es in rasender Fahrt auf den Berg und dann mit Blitzesschnelle hinunter und durch einen Tun-

Im Kaffeehaus. (Foto: Herwei)

Eine Männer-Musikgruppe beim Kaffeehaus. (Foto: Herwei)

nel (die männlichen Passagiere grölen, die weiblichen quietschen) und hart am Abgrund vorbei in luftiger Höhe hast du die Illusion einer Semmeringfahrt. Eine Gondel (wie ein Ei geformt), in der du wie ein Gummiball nach allen Windrichtungen in die Luft geschleudert wirst? Oder eine Fahrt mit der Adelsberger Grottenbahn – nur vierzig Groschen, bitte! – mit ihrem Küstenzauber, Aschenbrödelmärchen, Zwergmännlein und sonstigem Zauber- und Blendwerk der Unterwelt? Noch bist du nicht müde (das Geld spielt heute keine Rolle: „Hätt' ma's net, so tät' ma's net!", sagt der Wiener), und du versuchst um 10 Groschen dein Glück auf der Shimmytreppe oder auf der Wigl-Wogl-Rutschbahn. „Nobel geht die Welt zugrund'!", denkst du dir und besteigst einen Wagen auf dem Ringelspiel, vor den lebende Pferde, Ponys, gespannt sind.

Schon fasst dich mitleidlos der Menschenstrom und führt dich an dutzenden großer und kleiner Schaubuden vorüber, ein Affentheater reizt deine Neugierde, und siehe da: ein Kasperltheater, wo die Kinder mit offenen Mäulern dasitzen und sich totlachen über die Kapriolen des ewiglustigen Hanswurstes, der wahrscheinlich im Prater geboren wurde, hier seit eh und je heimatberechtigt ist und nicht sterben kann, wenn ihn die Räuber auch täglich unter dem schallenden Gelächter der Jugend hundertmal totschlagen; du lachst als Erwachsener selbst mit den Kindern, wenn der Dr. Sassafraß den kranken Bauern mit der Medizinflasche erschlägt.

Was ist denn da los? Die Liliputbahn, die große Attraktion des Praters aus der allerjüngsten Zeit; hier kannst du in Miniatureisenbahnwaggönchen eine fast anderthalb Kilometer lange Strecke durch einen Teil des Praters fahren. Soeben steigt eine Klasse Schulkinder ein, sie lachen, rufen, trampeln, denn sie können es kaum erwarten, bis der Pfiff ertönt, das Zeichen zur Abfahrt, dann geht es in gemütlichem Tempo mit der koksfressenden Lokomotive voran zwischen alten Praterbäumen bis zur Rotunde. Dieses kolossale Rundgebäude, anläßlich der Weltausstellung 1873 erbaut, beherbergt seit einigen Jahren im Frühling und Herbst einen Teil der Wiener Messe.

Hast du Zeit und Geld genug, dann magst du dich noch von redegewandten Ausrufern in viele Buden locken lassen, bis dir der Atem ausgeht und deine Ohren von der großen Sinfonie des Praters nur mehr die Soloinstrumente vernehmen: „Heiße Würstel! Saure Zuckerl! Pomeranzen! Salzstangeln!“ usw. Das erinnert dich, dass du Durst und Hunger hast, und im kühlen schattigen Garten eines der vielen Wirtshäuser findest du, was dein Magen verlangt; sein Knurren übertönt selbst die Musikkapelle, deren Klänge den Refrain zu dir herübertragen: „Im Prater blühn wieder die Bäume …“

Die Rast unter den schattigen Bäumen tut dir wohl, du kannst darüber nachdenken, was du bis jetzt alles erlebt, gesehen und gehört hast und was du noch abends, wenn der Prater im hellen Lichte erstrahlt, noch sehen und hören willst. Du kannst dir Gedanken machen darüber, wie es einst hier ausgesehen haben mag, als die adelige Familie De Prado am Beginn des 14. Jahrhunderts nach Säuen und Hirschen jagte. Schon vor mehr als 500 Jahren waren hier die Anfänge des Wurstelpraters zu sehen, dann kam eine Zeit, in der der Prater für das „gemeine“ Volk fast 200 Jahre versperrt blieb, weil die allerhöchsten kaiserlichen Herrschaften ungestört jagen wollten. Kaiser Josef II. öffnete aber die Pforten des Praters dem Volke wieder, und seitdem nahm diese Belustigungsstätte der Wiener einen raschen Aufschwung. Wer nach Wien kam, der musste auch den Prater gesehen, musste sich hier unterhalten haben. Das ist so geblieben bis auf den heutigen Tag.

Wohl ist vieles anders geworden, vieles verschwunden, was einst im Prater zu sehen war und als Weltwunder von den Wienern und Fremden mit Recht oder Unrecht angestaunt worden ist. Verschwunden ist Kratky-Baschiks Zaubertheater, das Wasserkarussell, der lebende Tisch, der eiserne Nervenmann, diverse Wachsfigurenkabinette usw., selbst die berühmte Dame ohne Unterleib ist nicht mehr zu sehen, sie hat vor zwanzig Jahren geheiratet und baut, von einer Schar froher Kinder umgeben, außerhalb Wiens in einem Schrebergarten ihren eigenen Kohl, den sie zwei Menschenalter lang den schaulustigen Wienern immer aufgewärmt hat. Geblieben ist als höchstes Wahrzeichen des Praters das Riesenrad und als allerliebstes kleinstes der unverwüstliche Kasperl. Aber vieles ist dazugekommen, sehr viel Interessantes und Sehenswertes, der Prater ist heute modernisiert, sein Tempo vertausendfacht, aber er ist im Grunde wienerisch geblieben. Der Wiener braucht, wenn er stirbt, auch heute kein Paradies, wenn er nur seinen Prater hat.

Schön mag es schon gewesen sein in der Zeit, wo man sich mit einem Silberzwanziger in der Tasche den ganzen Tag im Prater unterhalten, nach Herzenslust essen und trinken konnte, beim Zahlen vom Kellner aber von dem einen Zwanziger noch zwei herausbekam. Ja, das war die schöne alte Zeit, in der die bürgerliche Welt ihre Feste feierte, der Vater Stuwer seine Feuerwerke auf einer großen Wiese abbrannte, beim „Stillen Zecher" „bis moring in der Fruah" getanzt wurde, die „Fürschtin" Metternich ihre Praterfahrten inszenierte, die reichen Bürger ihre Wohltätigkeitsfeste gaben, die Damen und Herren der hohen und allerhöchsten Aristokratie durch die Hauptallee in prachtvollen Karossen kutschierten, und das arme Volk die gaffende Staffage bilden durfte.

Später kam es freilich anders. Und du erinnerst dich vielleicht der Zeiten von 1890 bis zum Beginne des Weltkrieges, in denen das Wiener Proletariat alljährlich am 1. Mai in den Prater zog, um den Weltfeiertag der Arbeit zu feiern.

Die Unzufriedene, 5. Juli 1930, S. 1–2.

Es gab auch große Frauen-Musikgruppen!

Eine neue Attraktion im Wiener Prater: Der Liliputexpreß in voller Fahrt.
Phot. Schleich-Hilscher.

Liliputbahn, 1928.

Die Liliputbahn saust in die Kurve, zur nächsten Praterattraktion.

Fahrbetriebe
Bahn, Kugel und Vögelchen

Liliputbahn

Die erste Eisenbahn startete in England, ebenso wie die erste Liliputbahn. Auch die Bezeichnung Liliput stammt aus dem Englischen, lässt schließlich Jonathan Swift seinen Dr. Gulliver im Jahre 1726 auf einer Insel namens Liliput stranden. Die ist bevölkert von Zwergen mit einer Körpergröße von 6 Zoll, also etwa 15 Zentimetern. Mehr Zoll betrug die Spurweite der ersten Liliputbahn, die um 1900 in England errichtet wurde: Sie hatte stolze 15 Zoll, also ca. 38 Zentimeter. Einige reiche Industrielle hatten kindisches Ergötzen darin gefunden, in ihren großflächigen Parkanlagen Kleinbahnen zu errichten, auf denen zum Entzücken ihrer Freunde mit Dampflokomotiven betriebene Züge hin- und herfuhren.

Wien – oder genauer: der Wiener Prater – musste bis 1928 auf dieses schmalspurige Vergnügen warten. In diesem denkwürdigen Jahr traf man sich zum Sängerbundtreffen, damit wollte man den 100. Todestag von Franz Schubert aus voller Kehle feiern. Als Publikumsmagnet erwies sich jedoch die kleine Eisenbahnstrecke, auf der zwei an Dampflokomotiven gehängte Züge verkehrten. Die Strecke führte damals von der Rotunde zum Riesenrad und wieder zurück. Nicht überliefert ist, ob eher die Generation der Väter oder jene der Söhne Gefallen und ungetrübte Freude an diesen rauchenden, pfauchenden und schmauchenden Vehikeln fand, kaum überliefert ist auch die Haltung der Mütter und Töchter. Jedenfalls: Die Liliputbahn fand ungetrübte Freude, ihre Strecke wurde 1933 bis zum damals schon errichteten Stadion verlängert und erreichte somit die heutigen Ausmaße.

Mit dem Jahr 1957 setzte auch bei der Liliputbahn die Ära der Diesellokomotiven ein: Dies passierte durch einen Neuankauf der D1 beziehungsweise durch Umrüstung einer alten Dampflok zur D2.

Die Liliputbahn zischt durch den Prater, 2008. (Foto: La Speranza)

Die Republik Kugelmugel im Jahr 2008. (Foto: La Speranza)

Von der Liliputbahn im Donaupark anlässlich der WIG 64 gesellten sich zur Schar der Zugmaschinen noch die D3 und die D4. Heutzutage treffen sich Fotografen und Reisende an den roten Tagen im Kalender um die Mittagszeit bevorzugt bei der Startstation: Um Punkt 12 Uhr startet die gute alte Dampflokomotive mit ihrem Zug.

Kugelmugel

Volksrepubliken, Bezirkskaisertümer, Generalprotektorate? Gab's alles schon, vergangen und vorbei. Exterritoriale Republik? Bitte sehr, bitte gleich. Kommen S' nur zur Hauptallee, dort zum Sturmboot und zur Achterbahn. Da seh'n sie schon die Republik, die hellbraune Kugel. Einen Namen hat sie auch, die Republik: Kugelmugel. Hängt natürlich mit der geometrischen Form der Republik zusammen: die Kugel hat acht Meter Durchmesser. Zwei düstere, zusammengekniffene Fenster als Augen, ein spitzes pfiffiges Fenster als Mund. Dahinter der Wohnraum. Davor ein nicht anerkanntes Straßenschild: 2, Antifaschismusplatz. Das Schild gilt als Kunstwerk und nicht als Straßenschild, sonst wär's schon längst beschlagnahmt und verschwunden.

Zur Vorgeschichte: Der selbst ernannte Präsident der Republik heißt Edwin Lipburger. Dieser eckte mit seiner Kugel bereits 1971 im niederösterreichischen Katzelsdorf an. Dort stellte er sie auf, ohne sich um gültige Richtlinien oder Gesetze zu kümmern. Denn, so der Präsident: Da die Kugel den Boden nur in einem einzigen Punkt berührt, hat sie quasi keine Fläche und fällt somit unter keinerlei Flächenwidmungspläne und damit zusammenhängende Bestimmungen. Dieser kugeligen Rechtfertigung konnten die Behörden in Niederösterreich nicht zustimmen: Sie schickten den Präsidenten zehn Wochen lang in eine ebene Zelle wegen des Deliktes der Amtsanmaßung.

Schließlich hatte Lipburger dann doch Glück: Der damalige, neuen Formen aufgeschlossene Wiener Kulturstadtrat Helmut Zilk ließ sich von der Kugel begeistern und gewährte dem Präsidenten mit dem Kugelmugel temporäres „Asyl", und zwar auf dem eben beschriebenen Platz neben der Hauptallee. Doch als Herr Lipburger auch

Natürlich nur mit Reisepass passierbar: Die Grenze zur Republik Kugelmugel.

noch Strom- und Wasseranschluss begehrte, blitzte er bei der Gemeinde ab. Nun folgte ein possenhaftes Gerichtsverfahren: Herr Lipburger klagte die Gemeinde Wien. Gleichzeitig gab Herr Lipburger eine „Kriegserklärung" gegen den damaligen Bürgermeister, das war dann Helmut Zilk, ab, ein deftiges Wort für einen selbsternannten Antifaschisten. Logischerweise aberkannte er die an Helmut Zilk vergebene Ehrenbürgerschaft für die Republik Kugelmugel.

Die unrunde Geschichte wird fortgesetzt: Der Wutbürger Lipburger klagte auch den Nachfolger von Helmut Zilk, also Michael Häupl. Und er montierte eine Tafel mit dem seltsamen Inhalt:

Dieser Platz ist dem großen demokratischen Revolutionsführer Edwin Lipburger, der hier begonnen hat, die ganze alte Moral abzuschaffen und alle Korruptionsformen unter jeder Maske zu bekämpfen und auszumerzen, gewidmet.

Klingt wie ein Statement der Free-Men-Bewegung.

Heute herrscht eine Waffenruhe der peinlichen Art. Die Klagen des Wutbürgers wurden abgewiesen. Und dieser engagierte sich für die „Partei der Nichtwähler". Und die Kugel wird als Provisorium der Kuriosität noch eine Weile erhalten bleiben. Zurzeit soll die Republik Kugelmugel bereits über 600 Staatsbürger, also Kugelmuglaner, haben.

Die Vögelein im Walde

Mein Lieblingsbuch über den Prater kann man heutzutage, wenn überhaupt, nur mehr antiquarisch erwerben. Es trägt den lakonischen Titel „Praterbuch" und wurde anno 1897 von Professor Doktor Emanuel Witlaczil verfasst. Wer mit diesem Buch in der Hand – ich halte meine Hand nicht ins Feuer, sondern ins Heustadelwasser – durch den Prater wandert, der ist imstande, das, was so abfällig mit „Natur" bezeichnet wird, mit entsprechender Kenntnis zu würdigen. Und – ich halte meine Hand ins Wasser des Stadionbades – niemand wird den Prater ohne eine Fülle epochaler Erkenntnisse verlassen.

Ich schlage zufällig die Seite 142 auf und zitiere hier nur etwa ein Drittel des Textes:

> Rufe, die durch mehrmalige Wiederholung eines Tones entstehen:
> gi-gi-gi … Lockruf des Grünlings
> gi-gi-gik (tschi-tschi-tschi) … Lockruf des Hänflings
> hu-hu-hu … Waldkauz
> ke-ke-ke (abends vom Wasser, fast trillernd) … Wasserfrosch
> ke-ke-ke (in rascher Aufeinanderfolge) … Sperling
> kek-kek-kek … Dorndreher
> kerrr-kerrr (von sumpfigen Gewässern) … schwarzes Wasserhuhn
> rip-rip-rip … das geängstigte Rebhuhn
> tit-tit-tit (so schnell wiederholend, dass es trillernd klingt) … Spechtmeise
> tit-tit-tit … Lockruf des Zeisigs
> tjat-tjat-tjat (auch tjät) … Spechtmeise
> tsche-tsche-tsche … Spatz
> tsche-tsche-tsche-tsche … (klappernd) Ruf der Zaungrasmücke
> tschij-tschij-tschij … Wendehals
> woird-woid-woid … braune Grasmücke
> zilp-zalp-zilp … Weidenlaubvogel
> zirp-zirp-zirp … Grillen

Lieber Leser, da lässt sich nichts mehr hinzufügen, meint jedenfalls Ihr Autor.

Die Rotunde
Kann man eine Katastrophe planen?

Braucht man für eine Katastrophe einen genialen Plan, einen Mastermind, der jedes Detail berücksichtigt und jeden richtigen Schritt nahezu ausschließt? Oder ist eine Katastrophe eine Folge von überraschenden Zufällen, welche letztendlich keine menschlichen Wesen verursacht haben und für die daher auch niemand verantwortlich ist? Ähnlich verhält es sich mit dem Leben: Wird es von einem exakt kalkulierten Plan bestimmt? Oder verdanken wir es einer Fülle von Zufällen?

Nein, ich wende mich nicht metaphysischen Problemen zu, ich bleibe bei der tatsächlichen Katastrophe, also bei der Fertigstellung der Rotunde im Weltausstellungsjahre 1873. Die Wiener Weltausstellung war leider gezeichnet von einer Fülle von Pannen, oder soll ich sie als Kollateralschäden bezeichnen, oder als unvermeidliche Begleiterscheinungen bei baulichen Großvorhaben.

Die meisten der Bauwerke, in denen die Ereignisse der Weltausstellung inszeniert werden hätten sollen, waren Baustellen. So die Wiener Ringstraße, die sich immerhin rühmen konnte, die größte Baustelle des Kontinentes zu sein. Die anfallenden Kostenüberschreitungen – was heißt Überschreitungen, besser: Kostenexplosionen – will ich gar nicht erwähnen, sie sind sowieso interne Bestandteile von Großprojekten. Auch die Tatsache, dass von den sündteuren Hotels und etwas billigeren Übernächtigungsquartieren bloß wenige, etwa das „Sacher" und das „Bristol" fertig waren, ist nicht der Rede wert. Weiters brach – wie dies so schön umschrieben wurde – am 9. Mai 1873 die Börse zusammen, wie manche formulierten, sie krachte zusammen.

Was war passiert?

In den Jahren vor der Weltausstellung war es bei völligem Verzicht an Überwachung und Regulierung zu gewaltigen Spekulationen gekommen, die Aktienkurse an der Wiener Börse sowie die Immobi-

Die Massen strömen zum Westportal.

Jetzt ist die Rotunde fertig. Motto: „viribus unitis“, also „mit vereinten Kräften“.

lienpreise in der Donaumonarchie stiegen in astronomische Höhen. Leichtfertig wurden von den Banken alle möglichen Bauprojekte finanziert oder Finanzierungen zugesagt. Aktien konnten damals bereits durch Hinterlegung einer Teilsumme erworben werden, mit später folgender Zahlung des Restbetrages. Zudem konnten auch Anleger in den großen europäischen Städten – durch die Einführung der Telegraphie – an der Wiener Börse tätig werden. Ab Anfang Mai platzte die Blase. Viele Projekte erwiesen sich als nicht durchführbar, viele Anleger klagten über epochale finanzielle Probleme, die Bankmanager verwiesen händeringend auf ihre leeren Kassen. Binnen kürzester Zeit mussten viele Banken Insolvenz anmelden, was zur Folge hatte, dass die Kurse der Wiener Börse ins Bodenlose stürzten. Um noch größere Katastrophen – wer wittert nicht Parallelen zur Gegenwart – zu verhindern, wurde am 9. Mai, einem Freitag, um 13 Uhr die Wiener Börse polizeilich geschlossen. „Schwarzer Freitag" heißt es seither in der Geschichtsschreibung.

Jetzt fehlte noch eine Epidemie. Bitte sehr, tauchte auch rechtzeitig auf. Anfang Juli diagnostizierten die Ärzte bei einigen Gästen im Ausstellungshaus Donau in der Nordbahnstraße 13 die Cholera, acht Patienten starben. Bis Oktober 1873 konstatierte man alleine in Wien 3.000 Opfer der Cholera. Ihre rasante Verbreitung führte dazu, dass im Gebiet der Monarchie etwa eine halbe Million Menschen starben. Berichtet darüber wurde höchstens in eher geheimen Ärztebulletins.

Die Rotunde bei der Weltausstellung

Aber zum Erfreulichen, zur Rotunde. Sie war am Tag der Eröffnung der Weltausstellung am 1. Mai natürlich nicht fertig. Kurz vor dem anvisierten Termin der Eröffnung schrieb der Journalist und Autor der „Wiener Spaziergänge" Daniel Spitzer: „Der Bau des Weltausstellungsgebäudes geht mit bewundernswerter Geschwindigkeit vorwärts, ja einzelne Abteilungen derselben sind soweit fortgeschritten, daß sie, die älteren Bauten beschämend, schon wieder eingestürzt sind."

Ein im Rahmen der Weltausstellung 1873 errichtetes türkisches Kaffeehaus.

Wie das Schwärmen von Bienen … (Franz Alt).

Was ist jetzt das Erfreuliche? Die Eröffnung fand tatsächlich statt! Freilich gab es kleinere bauliche Mängel. So klebte der feuchte Mörtel an den Wänden, die Böden bestanden aus provisorischen Brettern, die Galerie war improvisiert. Doch im Makrokosmos der Monarchie waren diese baulichen Mängel kein Grund für weitere Klagen.

Doch die Fehler in der Etikette, das nicht eingehaltene Protokoll, das brachte gleich das ganze Reich an den Rand des Einsturzes: So verfehlten einander die Equipagen des österreichischen Kaiserpaares und die des deutschen Kronprinzenpaares Friedrich und Victoria. Das Missgeschick war offenbar gepachtet und setzte sich fort: Die Schleppe der deutschen Kronprinzessin blieb beim Rundgang in der Rotunde an einem Nagel hängen. Und zu guter Letzt – der Gipfel der Peinlichkeit! Nach der vom Kaiser höchstselbst in der Rotunde vorgetragenen Eröffnung der Weltausstellung ertönte keine Ehrensalve der Geschützkavallerie! Bitte, sich das vorzustellen: Jetzt lässt sich der Kaiser herab, um das Tamtam zu eröffnen, und dann kracht keine Ehrensalve! Wenn das nicht auf ein schlechtes Ende hindeutet! Dass es an diesem Tag, dem 1. Mai des Jahres 1873, schüttete, als wären alle himmlischen Schleusen geöffnet, brauche ich nicht extra hinzufügen.

* Die Auffahrt zur Eröffnungsfeier im Prater, 1873 *

Unübersehbare Menschenmassen bedeckten am 1. Mai den Prater, um – wenn sie schon davon ausgeschlossen waren, die offizielle Festlichkeit mitanzusehen – wenigstens die Ankunft der Majestäten und der fürstlichen Gäste zu erwarten. Und in dieser Erwartung standen die meisten schon von 8 Uhr Morgens trotz Regen und Kälte auf ihren Posten: war durch die schlechte Witterung die Nachmittags-Praterfahrt, wie sie sonst am 1. Mai in traditioneller Weise stattfindet, verdorben, so gab es diesmal reichlichen Ersatz. In den tausend und abertausend Wagen, welche in den Prater rollten, zeigte sich so ziemlich alles, was in Österreich einen hervorragenden Platz einnimmt, die Fuhrwerke enthielten die Blüte der österreichischen haute volée. Zwar hatte die Polizeidirektion

Die Auffahrt zur Eröffnungsfeier im Prater.

bestimmt, daß die Zufahrt bis 11 Uhr vormittags dauern dürfe, aber man wußte sehr wohl, daß bei einer solch außerordentlichen Gelegenheit der früher Eintreffende am besten situirt sei, und so kam es, daß bald nach 9 Uhr alle Sitzplätze in der Rotunde mit Beschlag belegt waren.

Der Zeichner hat hier die Szene wiedergegeben, wie der Hof vor dem südlichen Portale anlangt. In den ersten zwei Wagen – englischen Zügen mit Jockeys – fuhren der Kaiser und die Kaiserin, der Kronprinz und die Kronprinzessin von Deutschland, in den folgenden, zweispännigen Hofwagen die übrigen Gäste und Mitglieder des Hofes. Daß die Ankunft der fürstlichen Personen mit stürmischen Zurufen begrüßt wurde, haben wir in unseren Berichten schon hervorgehoben.

Illustrirtes Wiener Extrablatt, 4. Mai 1873.

Die Architektur der Rotunde konnte wenigstens punkten: Es war ein gigantischer Kuppelbau, der 9.405 Meter überspannte, und das Kegeldach selbst hatte eine Spannweite von 108 Meter und eine Höhe von 84 Metern. Getragen wurde das von 32 Säulen mit 24 Metern Höhe. Das Dach wurde noch von zwei Etagen durchbrochen: Die untere war eine Aussichtsplattform, und die obere trug die Kaiserkrone. Ja, die Kaiserkrone! Also nicht die echte, aber eine riesige Nachformung derselben, insgesamt vier Tonnen schwer und 5,30 Meter hoch. Und man konnte mit einem hydraulischen Lift hinauffahren bis zur Spitze und dort diese Krone bewundern!

Die Verkehrsmittel auf dem Wege zur Gewerbeausstellung.

Stellwagen werden nicht bewilligt; sie verschandeln den Prater.

Spitalbahren, vermittelst welcher die der Hitze Erlegenen forttransportirt werden, gereichen ihm aber zur Zierde.

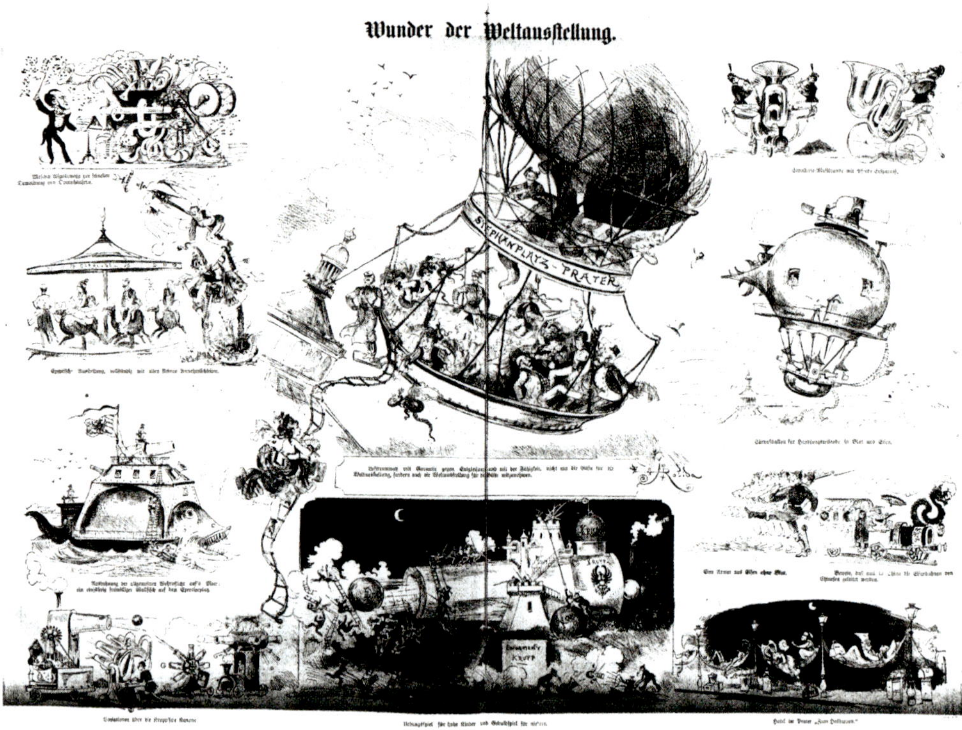

Der Floh, 5. 10. 1873.

* Praterfahrt der Nationen: Wien ist Weltstadt!, 1873 *

Der große Tag, dem zuliebe Wien seit zwei Jahren viel Ungemach erduldet, Millionen ausgegeben und sich, das eigene Haus, um es für die Schar der Gäste nur ja recht stattlich zu schmücken, beinahe unwohnlich gemacht, der große Tag ist endlich gekommen. Seit fast vierundzwanzig Monaten war unser öffentliches Leben von einem Fieber ergriffen. Alle Pulse schlugen rascher, alle Zungen redeten lauter. Ein großer Gedanke beherrschte die Gemüter unseres Bürgertums. Ein Fest der Nationen sollte vorbereitet werden, desgleichen die Welt noch nie gesehen und das Zeugnis ablegen sollte von der unverwüstlichen Urkraft der Bevölkerung dieser Metropole.

Je höher die Schwierigkeiten sich türmten, desto mehr wuchs auch der Mut derer, die sie zu überwältigen hatten. Hindernisse, die unüberwindlich schienen, wurden weggeräumt und eine Stadt, die vor wenigen Jahren noch berüchtigt war durch ihre pittoresken, aber engen und winkligen Straßen, durch ihre dunkeln, unfreundlich sich dem Licht und der Luft verschließenden Häuser, ist in eine Stadt der Paläste umgewandelt worden, in der sich Prachtbau an Prachtbau reiht, in der Gärten, Museen, schöne Kirchen das Auge des Beschauers berücken, in der jeder Komfort, den die Phantasie zu erdenken vermochte, jedes Vergnügen, das die Sinne reizen oder den Geist erfreuen konnte, der Menge leichter zugänglich gemacht ist, als an irgend einem Platze der Welt.

Durch sein gewaltiges Anwachsen, durch die riesige Zunahme seines Reichtums, durch die gegenseitige Durchdringung aller Gesellschaftsklassen und die soziale Vermischung, die sich vollzogen hat, erinnert Wien an die besten Seiten jener großen amerikanischen Städte, deren Entwicklungsgang das Auge des Beschauers nur mit Mühe zu folgen vermag und die über Nacht emporzuwachsen scheinen wie die Palme des Propheten. Dabei besitzt aber Wien Eigenschaften, die es von einer amerikanischen Stadt wohl unterscheiden und seine Liebe zu allem Schönen, seine feinsinnige Empfindung für alles Anmutige ist eine Gewähr und eine Bürgschaft dafür, daß es niemals zu jenem platten Realismus herabsteigen werde, der das Idol gewisser moderner Wirtschaftskritiker bildet.

Unsere Vaterstadt, unser Wien feiert heute seinen „Ehrentag". Er ist der schönste, den wir in der Geschichte dieser Stadt kennen, seit sie aus einer römischen Kolonie anfing, eine germanische Stadt zu werden, seit sie an Einfluß und Bedeutung unter Leopold dem Glorreichen zur Metropole der Donauländer geworden war, seit sie Rudolf dem Habsburger ihre Tore öffnete und unter Starhemberg die Türken zurückschlug und der Retter des Abendlandes wurde. Ein glorreicheres Schauspiel als das heutige hat die Welt nicht gesehen. Rühmt das Altertum sich seiner olympischen Spiele, so darf die Neuzeit mit Stolz auf ihre Ausstellungen und wissenschaftlichen Kongresse hinweisen, in denen die Geister miteinander ringen und dem Besten der Sieg verbleibt. Seit der unvergeßliche Prinz Albert die Idee eines Weltenfestes zum ersten Male faßte und durchführte, hat dieser Gedanke unermeßlich an Tragweite und Bedeutung gewonnen und was damals gleich einem Schößling schüchtern emporragte, der eigenen Kraft mißtrauend, ist zum machtvollen schattenspendenden Baume geworden, unter dem eine ganze Welt ihre Zuflucht findet. Reicher als die von London, schöner als die von Paris ist die Ausstellung, die wir unseren Gästen, die aus allen Teilen der Erde herbeigeeilt sind, bieten. Inmitten unseres zaubervollen Parkes, der, ein Erbstück von Jahrhunderten, sich an unsere Stadt lehnt, haben wir einen Prachtbau errichtet, dessen Kuppel größer ist, als die des Doms von St. Peter und in dem alle Schätze des Erdballs sich dem Auge darbieten werden.

Es ist eine Praterfahrt der Nationen, die sich heute abspielen wird, zu der die ganze Welt ihre Gästen gesendet hat. Deutschland sendet uns den Sohn seines Kaisers, der es vor feindlicher Verheerung und Schmach bewahrt hat, England den Erben des Mannes, der die erste Weltausstellung ins Leben rief. Der Kronprinz von Dänemark wird an Seite des Kaisers stehen, Belgien ist durch einen Erbprinzen vertreten und alle Staaten der Welt haben von ihren besten Körpern, von ihren begabtesten Gelehrten nach Wien geschickt. Der Prater ist für einen Moment das Zentrum der zivilisierten Welt geworden. Das altwienerische Volksfest des ersten Mai ist zur Praterfahrt der Nationen umgewandelt. Heute brauchen wir nicht mehr zu sagen: Wien wird Weltstadt. Wien ist Weltstadt!

Morgen-Post, 1. Mai 1873.

* Wie das Schwärmen von Bienen … oder: Weltausstellung im Prater, 1873 *

Nur wenige Stunden trennen uns von dem feierlichen Augenblicke, wo unter Fanfarengeschmetter und dem Donner der Kanonen der Vorhang emporrauscht, um uns ein Schauspiel zu enthüllen, in welchem sämtliche Völkerschaften des Erdballes, insoweit sie vom Hauch der Kultur berührt sind, als Mithandelnde auftreten werden. Es ist das große Drama der menschlichen Arbeit, an dem Tausende von Köpfen gedichtet, Millionen Hände geschaffen, welches uns die Wiener Weltausstellung vorführen wird. Und die Schaubühne ist solchen Schauspiels würdig. Mitten im Prater, aus jenem grünen Eiland, welches von den Armen der Donau umfangen wird, erheben sich, überragt von der gebietenden Rotunde, die weit ausgedehnten Baulichkeiten, welche die Werke des Gewerbefleißes und der Kunst zu beherbergen bestimmt sind.

Es ist kaum ein Jahr her, da sahen wir, wie auf diesem Fleck Erde erst der Wald geklärt, die Wurzeln der Bäume ausgerodet wurden; dann sahen wir den Boden umgewühlt, Roste eingerammt, Gerüste aufgerichtet und durch Verklammerung von Holz und Eisen den ganzen mächtigen Bau wie in einer Skizze angedeutet. Halb bewundernd, halb zweifelnd stand man vor dem weitaussehenden Unternehmen; aber die energische Hand, in welcher sämtliche Fäden zusammenliefen, wußte ein zweckvolles Zusammenspiel aller Kräfte hervorzurufen, und in diesen letzten Wochen haben wir die fröhliche Musik des Fertigmachens mit innerer Befriedigung vernommen.

Nun erhob sich neues Leben in diesem vom Staub der Bautätigkeit gesäuberten Bezirke. Es war wie das Schwärmen von Bienen, welche die bereitgestellten Körbe mit Wachs und Honig zu füllen im Begriffe standen. Stoff gesammelt war seit Monaten genug; in Kisten, in Ballen, in ganzen Wagenfuhren stand er bereit. Die Magnetnadel schien eine Weile von allen Himmelsgegenden aus nach Wien zu weisen. Es organisierte sich eine große Weltbewegung mit dem Zielpunkte Wien. Der Ruf, der von hier aus ergangen, ward allerwärts gehört und beantwortet. Menschen, die in den Frostregionen gegen den Pol hin ihr Dasein fristen, wie

Panorama mit Rotunde.

Weltausstellungs-Zeitung des Floh

Die Alpenhütte.

solche, die von den Gluten der tropischen Sonne gesengt werden, die uns zur Linken und Rechten wohnen, von den Säulen des Herkules bis zur chinesischen Mauer – sie alle setzten sich für das große Völkerfest zu Wien in Bewegung. Über den atlantischen Ocean schwammen Frachten mit der Bestimmung nach unserer Stadt, und im Stillen Weltmeere suchte der Kiel der Fahrzeuge die Richtung von Wien. Die Schienenstränge unserer Eisenbahnen knirschten unter der Last der eingesendeten Waren, und die Peitsche schonte nicht die Pferde, welche die schweren Ladungen zogen.

Seit dem Jahre 1867, wo Paris an der Reihe war, ist die Wiener Weltausstellung wieder die erste. Die Geschichte ist nicht reich an Beispielen, daß in einem verhältnismäßig so kurzen Zeiträume wie der, welcher die Wiener Ausstellung von der Pariser trennt, so welterschütternde Ereignisse stattgefunden hätten. Für Wien selbst wird diese gegenwärtige Weltausstellung Epoche machen, sie wird ihm den Stempel der Weltstadt aufdrücken. Wien wird von ihr eine Menge guter und nützlicher Antriebe empfangen, deren Wirkungen bis in die äußersten Spitzen dieses Reiches nachzittern werden.

Neue Freie Presse, 1. Mai 1873

AufgeLesen, bearb.: T.K.

* Die Alpenhütte, 1873 *

Allen jenen, welche das Alpenleben bis jetzt nur aus dem klassischen „Versprechen hinter'm Herd" kennen, ist in unserem Prater-Kosmos Gelegenheit geboten, sich mit demselben etwas vertrauter zu machen. Zwar ist es auch nur ein Faksimile, welches hier der Schau- und Wißbegierde geboten ist, aber dasselbe ist so trefflich gestaltet, so gut in Szene gesetzt, daß eine Menge „Strizows"* aus aller Herren Ländern die beschwerliche Alpenreise sparen und zu Hause doch von ihren Bergfahrten so manches erzählen werden, was dieselben selbst den Erfahrenen glaubwürdig erscheinen läßt, wenn sie nur einige Stunden dazu verwenden, da unten zwischen der österreichischen Mustermeierei und dem podelischen Bau-

* Anm.: bezieht sich auf das gleichnamige Theaterstück von Friedrich Freiherr von Strizow

ernhause in den beiden aus rohen Stämmen gefügten Sennhütten eingehende Studien zu machen. Anziehend werden diese Studien nur dadurch, daß hochgeschürzte Sennerinnen, welche, wenn sie auch nicht der herzigen „Nandl haß i" gleichen, doch ihr Annehmbares haben, den Unterricht leiten, und die Theorie durch die Verabreichung von labender Milch, fettem Kuhkäse und würzigem Enzian-Bitter praktisch erläutern. Auch Alpenröslein und Edelweiß sind da für Geld und gute Worte zu haben, und Strizow mag sie zu Hause seiner errötenden Cousine als naive Liebespfänder einer betörten Älplerin vorlegen. Sogar Alpenstöcke, in welche die Namen der unwirschesten Bergriesen fein säuberlich eingeschnitten sind, werden über Nachfrage geliefert, und der biedere Senne graviert Dir auch noch das Datum, wann Du diesen oder jenen Berg bestiegen, aufs Gewissenhafteste hinzu. Zu Hause wird wohl niemand ahnen, daß der Schafberg eigentlich der Konstantinhügel und der Traunfall das Heustadelwasser ist. Warum sollte es irgendeinem Strizow nicht gegönnt sein, die Kosten seiner Weltausstellungsreise in bewundernden „Aha's" einzuheimsen, die dem kühnen Bergsteiger und unternehmenden Sennerinneubezwinger gelten!

Weltausstellungszeitung des FLOH
Der Floh, 8. September 1873, S. 9.

Der Bau der Rotunde

Der Plan zur Rotunde stammte übrigens vom schottischen Schiffbauingenieur John Scott-Russel, der seinen Wiener Berufskollegen den fetten Auftrag wegschnappen konnte. 1871 begann man mit den Aushubarbeiten, die Erdmassen wurden aufgeschüttet und somit entstand der höchste Berg im Prater, der Konstantinhügel. Benannt wurde er nach einem sonst völlig unbekannten Obersthofmeister, Konstantin Fürst zu Hohenlohe-Schillingsfürst, ein Name, dessen Qualitäten man sich auf der Zunge zergehen lassen muss. Die Wiener Bevölkerung nahm das Bergerl des Schillingsfürsten eher spöttisch als Rodelhügel zur Kenntnis; unterhalb des Hügels befand sich ein künstlicher Teich sowie bis 1977 ein Kaffeehaus.

Adelbert Muhr erinnert sich:

Aus Schönbrunn hatte man, weiß der Teufel warum, zwei versteinerte Baumstrünke heraufgeschafft. Sie wollen ein paar Millionen Jahre alt sein. Über sie hinweg und den Wasserfall, der in den Teich hinunterstürzte, sah ich oft auf die bunt gleitenden Boote. In dem Teich ist noch niemand ertrunken.

Zurück zur Rotunde. Bald bemerkte Carl von Hasenauer, verantwortlich für das Gesamtkonzept der Weltausstellung, dass die Berechnungen des Schotten nicht zuverlässig sein konnten. Noch während des Baus musste das Büro von Hasenauer Korrekturen in der Konstruktion vornehmen, wodurch die vorgeschriebene Bauzeit auch nicht beschleunigt wurde. Aber wie gesagt, die weniger glanzvolle, eher verregnete Eröffnung am 1. Mai 1873 konnte stattfinden.

Heute gibt es die Rotunde nicht mehr, denn am 17. September 1937, nach der Herbstmesse, entdeckte ein Arbeiter kurz nach 12 Uhr Feuer auf der Nordseite. Der Brand breitete sich in den Hohlräumen aus, bald stürzte die Kuppel ein. 250 Feuerwehrleute und 46 Löschgeräte mussten am Abend mit Bestürzung registrieren: Die Rotunde war bis auf die Grundmauern niedergebrannt. Jetzt mussten sie darauf achten, die Sekundärbrände zu unterbinden.

Das Riesenrad
Es dreht sich noch immer!

Es hat 120 Speichen, sein Gesamtgewicht beträgt 245 Tonnen, sein Durchmesser 61 Meter und es dreht sich mit einer Geschwindigkeit von 0,75 Metern pro Sekunde, seit nunmehr über 110 Jahren. Gemeiniglich gilt es als Wiener Wahrzeichen schlechthin. Nach genaueren Aktenstudien kommt man darauf, dass das Riesenrad in einem ganz anderen Zusammenhang viel mehr mit der Wiener Konsistenz zu tun hat als zuvor angenommen.

Beweis 1: Das Riesenrad wurde von einem Ausländer konstruiert, seine Bestandsteile sind auch zum großen Teil im Ausland hergestellt worden. Die Beamten des Wiener Magistrates wollten seine Errichtung eher verhindern denn großzügig fördern.

Beweis 2: Die treibende Person hinter dem Projekt Riesenrad war ein ungarischer Jude aus Temeswar, der 1938 vor den Nazis fliehen musste und 1944 fern der Heimat in den Vereinigten Staaten starb. Sein Sohn Max wurde in der neuen Heimat schließlich berühmt, als er die Filmmusik für „Casablanca“ sowie „Vom Winde verweht“ schrieb.

Beweis 3: Das Riesenrad stand nicht nur einmal vor dem – oder besser im – Ruin, aus dem es sich nach dem Wiener Motto **„Den Wurschtel kann keiner erschlagen“** immer wieder hochrappelte.

Conclusio: Das Riesenrad demonstriert das Entstehen sowie das Überleben eines englisch-österreichisch-tschechischen Projektes frei nach dem Motto: Ein echter Wiener geht nicht unter.

Beginnen wir mit dem Anfang: Erst trat der englische Marineleutnant Ing. Walter Basset auf den Plan. Mit Behörden der Monarchie hatte er bereits über seine Dampfkesselfabrik Kontakte, so lieferte er an die Kriegsmarine nach Pula und nach Rijeka/Fiume. Zudem kannte er als Engländer die neuen Baumaterialien Stahl und Eisen und war so mit technischen Lösungen vertraut, die auf dem Kontinent erst zehn, zwanzig Jahre später ihren Einzug halten sollten.

Mister Basset erhielt den Impuls zum Bau seiner Giant Wheels aus den Vereinigten Staaten: 1891 drehte sich anlässlich der Weltausstellung in Chicago das nach seinem Erbauer benannte Ferris Wheel. Mit seinem genialen Konstrukteur Ing. Harry Hitchins errichtete Basset daraufhin in London sowie in seiner Heimatstadt Blackpool ein Giant Wheel. Beide Räder existieren nicht mehr.

Bei all seinen Projekten war Basset stets um die Rendite besorgt. So vernahm er mit kalkulierender Freude 1986 vom Erfolg der „Venedig in Wien"-Kulissenshow von Gabor Steiner. Zudem sollte 1898 die 50-Jahr-Feier der Kaiserkrönung des Monarchen erfolgen, und der zu erwartende Ansturm auf die Donaumetropole bewirkte, dass bereits 1896 in London alle größeren Wiener Hotels für 1898 ausgebucht waren. Und wieder zwei Jahre später folgten bereits die Jahrhundertfeiern …

Der Bau beginnt

Also gut. Gabor Steiner – Sie können im Kapitel „Venedig in Wien" über ihn lesen – verpachtete an Mister Basset jenes Grundstück, auf dem bislang im „Turm von Murano" die Glasbläser ihre Kunst demonstrierten. Ingenieur Harry Hitchins lieferte die Baupläne. Alle Bestandteile – Nabe, Speichen, Räder, Gestänge – sollten in den Stahlwerken W. Beardmore & Co in Glasgow konstruiert, nach Wien transportiert und an Ort und Stelle zusammengebaut werden.

Den Beamten des Wiener Bauamtes blieb die Spucke weg, als sie die Pläne sahen – oder wie es die Riesenradbiographin Cécile Cordon formulierte: Sie glaubten, heute sei der erste April. Das Projekt eines Wahnsinnigen? Das kann doch nie im Leben funktionieren! 61 Meter hohe, sich drehende Räder, an denen 30 Wagen wie Gondeln hängen? Jedenfalls verweigerten sie mit dem Hinweis auf die fehlende Sicherheit ihre Erlaubnis. Nun folgte die Bewäh-

Einzelne Exemplare:
Morgenblatt 4 kr., Abendblatt 2 kr.
Pränumerationspreise:
Für Wien:
Morgen- und Abendblatt:
monatlich, zum Abholen . . ö. W. fl. 1.50
mit einmaliger Zustellung in's Haus fl. 1.65
mit zweimaliger Zustellung Morgens und Abends . . . . . . ö. W. fl. 1.75
Für die Provinz mit freier Postzusendung:
Morgen- und Abendblatt:
monatlich . . . . ö. W. fl. 1.80
vierteljährig 5.40
Mit separater Zusendung des Abendblattes:
monatlich . . . . ö. W. fl. 2.20
vierteljährig 6.40
Für Deutschland, Serbien und Montenegro:
monatlich . . . . ö. W. fl. 2.40
vierteljährig 7.20
Für alle anderen dem Weltpostvereine angehörigen Länder:
monatlich . . . . ö. W. fl. 3.—
vierteljährig . . . . 9.—

Illustrirtes Wiener Extrablatt.

Das Morgenblatt erscheint täglich, auch Montag, das Abendblatt täglich mit Ausnahme der Sonn- und Feiertage.

Redaction und Druckerei:
(wohin alle Zuschriften zu richten sind)
IX., Berggasse 31.

Administration, Expedition und Inseraten-Aufnahme:
I., Schulerstraße 16.

Inserate vom Auslande übernehmen für unser Blatt auch die Firmen J. Dannenberg, M. Dukes, Haasenstein & Vogler, Rudolf Mosse, A. Oppelik, H. Schalek in Wien, sowie alle Annoncen-Agenturen in den Hauptstädten Europas.

Manuscripte werden nicht zurückgestellt. — Unfrankirte Briefe werden nicht angenommen.

Nr. 173. | Wien, Freitag, 25. Juni 1897. | 26. Jahrgang.

Kalender für Alle:
Namenstage: Prosper. Eulogius. Aquilina.

Sehenswürdigkeiten:
Kunsthistorisches Museum, von 10 bis 3 Uhr. — Technologisches Gewerbe-Museum, IX., Währingerstraße 59, von 10 bis 4 Uhr. Samstag geschlossen. — Schönborn'sche Gemälde-Galerie, I., Renngasse 4, von 9 bis 3 Uhr. — Hof- und Staatsdruckerei, Rennweg, von 10 bis 12 Uhr. — Museum für Kunst und Industrie, Stubenring, von 9 bis 4 Uhr. — Kaiserliche Gruft in der Kapuziner-Kirche, I., Neuer Markt, Anmeldung beim P. Guardian. — Stephansthurm, von 8 bis 5 Uhr. (Anmeldung im Kirchenmeisteramte.) — Museum der Gesellschaft der Musikfreunde, an Wochentagen von 10 bis 12 Uhr. — Postwerthzeichen-Museum, III., Rasumofskygasse 21, von 10 bis 4 Uhr. — K. k. Hofbibliothek, Josephsplatz, von 9 bis 4 Uhr. — Museum für österr. Volkskunde I., Börsengebäude, 10 bis 4 Uhr (Eintritt 30 kr.).

Die letzte Schraube.

Die Vollendung des Riesenrades in „Venedig".

Eröffnungsfeier am 21. Juni 1897

rungsprobe für den Allroundler Gabor Steiner, der nach seinem Erfolg mit dem simulierten Venedig mit Teilen der Prominenz auf gutem Fuße stand. Er intervenierte, er „haranguierte" – so die Eigendefinition Steiners –, er petischierte, er zog die Presse ins Vertrauen, er gewann einen „Sachverständigen" von der Wiener Technischen Hochschule, der dem Wiener Bauamt eigene Berechnungen vorlegte … und die Baubewilligung wurde erteilt.

Die Einzelteile der Konstruktion wurden tatsächlich von Glasgow herangekarrt: erst mit Pferdetransporten – für die 16,3 Tonnen schwere Radachse war ein Gespann mit sechzehn Pferden notwendig –, dann auf Eisenbahnwägen. Die Wiener Öffentlichkeit staunte nicht schlecht, als im Prater Dampfhämmer zum Schaffen des Fundamentes verwendet wurden, als mit Dampf betriebene, riesige Schwenkkräne bei der Montage der Einzelteile eingesetzt wurden, als schließlich das Gestänge der Doppelräder seine Konturen gewann.

Die Eröffnung

Am 21. Juni 1897, nach acht Monaten Bauzeit, war das Riesenrad fertig. Es drängt sich die Frage auf, wie lange heimische Firmen zur Fertigstellung gebraucht hätten, schließlich fehlten ihnen die Erfahrung mit den Baumaterialen Stahl und Eisen. Der Essayist Manfred Pichler:

Das Riesenrad wäre kaum entstanden, hätten die Wiener Behörden und Bauherren sich um seine Errichtung gekümmert. Man sah dem technisch schwer durchschaubaren Vorgang im Kaisergarten vielmehr mißtrauisch zu, hatte vorsorglich den englischen Traumtänzer Walter Basset mit einem schlechten Pachtvertrag ausgestattet und schwankte zwischen der Hoffnung auf Gelingen und der Befürchtung der Katastrophe. [ad libitum]

Die Eröffnung am 25. Juni wurde auch folgerichtig eher als englisches, denn als wienerisches Fest zelebriert. Die Tageszeitungen berichten:

Am Tage, da die englische Colonie in Wien das Jubiläum der Königin Victoria beging, fand die Einziehung der letzten Schraube in das Riesenrad statt. Der Act wurde vorgenommen von Lady Horace Rumpold, der

200 JAHRE WIENER PRATER

Das Riesenrad

Gemahlin des großbritannischen Botschafters am Wiener Hofe. Die Knabenkapelle intonierte die englische Nationalhymne. [ad libidum]

In seinen Erinnerungen schildert auch Gabor Steiner die Eröffnungszeremonie. Nach Lady Rumpold drehte er mit Walter Basset und Harry Hitchins an diesem besonders heißen Tag die Ehrenrunde. Nun sollten die Mitglieder der Baukommission drankommen:

„Als der Bezirksleiter Doleisch die Herren zur Probefahrt aufforderte, machten einige recht saure Gesichter und ein Kommissionsmitglied blieb auch zurück. Die Kommission musste auch was tun und sprach das Rauchverbot aus."

Das Verhältnis zwischen ihm und den Behörden war nach wie vor verkrampft: Schließlich hatte die Kommission darauf bestanden, dass, entgegen der Pläne von Walter Basset, die Wagen und die elektromagnetischen Einrichtungen von der Wiener Firma Ganz & Co geliefert werden mussten. Zudem wurde – wer wusste schon, was alles passieren konnte – Oberbaurat Ing. Friedrich Beck für das Riesenrad abgestellt. Er hatte das einwandfreie Funktionieren des Riesentrumms zu beobachten und eigenhändig Messungen vorzunehmen. Oberbaurat Friedrich Beck tat das auch. Und er tat diesen aufregenden Job gleich die nächsten vierzig Jahre. Damit kein falscher Hohn aufkomme: Seine in den vierzig Jahren gewonnenen Erkenntnisse und seine erstellten Aufzeichnungen waren eine wertvolle Hilfe für die Renovierungs- und Rekonstruktionsarbeiten, die nach den kriegsbedingten Schäden erfolgen mussten.

Die Kindheits- und Jugendjahre des Riesenrades

Am 3. Juli begann der öffentliche Betrieb, und der Ansturm übertraf selbst die kühnsten Erwartungen der englischen Konstrukteure. So erlag der Thronfolger Franz-Ferdinand dem Reiz des Riesenrades, der frisch gebackene Wiener Bürgermeister Lueger fuhr zwar nicht selber, sondern bezahlte gönnerhaft den Firmlingen eine Runde, Akrobaten vollführten während der Fahrt auf den Wagendächern ihre Kunststücke, Tierbändiger fuhren mit Löwen an der Leine: Der Siegeszug des Wiener Riesenrades war nicht mehr zu stoppen.

Gabor Steiner selbst setzte sich Tag und Nacht in eines der dreißig Wagerln, sodass Spötter meinten, er sei mit dem Riesenrad verheiratet: Einmal hielt er Ausschau nach dem Wetter, das ja großen Einfluss auf den Besuch seiner Freiluftkulissen „Venedig in Wien" hatte. Dann zog er sich zu Besprechungen mit Geschäftsfreunden zurück, solcherart das Wagerl zu seinem Büro umfunktionierend. Oder er begleitete einen Landschaftsmaler bei seiner künstlerischen Tätigkeit hoch oben in den Lüften über Wien.

Doch es blieb nicht lange so geordnet: Im Jahr 1907 starb der Eigentümer des Riesenrades, Walter Basset, das nunmehr seinen Erben gehörte. Der umtriebige Projekteur Gabor Steiner konnte 1908 seine Gläubiger nicht mehr bezahlen, als die Kulissenstadt Venedig in Wien nach einigen Jahren des schimmernden Erfolges ihre Anziehungskraft verloren hatte, und er flüchtete schnurstracks aus der Stadt. Nun sollte die Stunde des wagemutigen Spekulanten Alfred Hugo Winter kommen, Sohn eines ungarisch-jüdischen Kaufmannes. Alfred Winter übernahm 1908 Venedig in Wien, und durch einen hinterhältigen Clou erwarb er auch das Riesenrad: Im Jahr 1916 – Österreich befand sich im Kriegszustand mit England – erklärte er den Pachtvertrag mit Abkömmlingen des Kriegsfeindes für ungültig. Da aber die Erben von Walter Basset – wie gesagt, Kriegsfeinde – sich nicht durch einen Prozess wehren konnten, kam es zur Zwangsversteigerung des Riesenrades. Und wer hat das Wiener Wahrzeichen ersteigert? Richtig, Alfred Hugo Winter, am 26. Juni 1916 (just am 19. Geburtstag des Riesenrades), um ein Drittel des behördlichen Rufpreises, um genau 22.000 Kronen.

Nix is' mit demolieren

Doch in den öden Nachkriegswirren verlor Alfred Hugo Winter schnell das Interesse am Betrieb des Riesenrades und verkaufte es bereits 1919 an den Prager Alteisenhändler Eduard Steiner. Im Kaufvertrag war zudem die Abtragung des Riesenrades fixiert. Also das Ende des Riesenrades? Keineswegs! Sei es, dass dem Prager Eduard Steiner, übrigens keineswegs verwandt mit Gabor Steiner, die Abtragungskosten zu hoch und Verwertungskosten zu niedrig waren, sei es, dass er seine heimliche Liebe zum Projekt „Riesenrad“ entdeckte: Er setzte den Betrieb des Riesenrades fort. Festzuhalten sei noch, dass das Wiener Wahrzeichen jetzt – nach einem dreijährigen österreichischen Zwischenspiel – schon wieder einem Ausländer gehörte, einem Tschechoslowaken jüdischer Herkunft.

Festzuhalten sei noch, was nach der Machtübernahme durch die Nazis mit dem Tschechen Eduard Steiner passierte: Er wurde nach der Zerschlagung der Tschechoslowakei durch die Nazis am 17. August 1942 nach Theresienstadt geschickt, von dort kam er nach Auschwitz, wo er von den Nazis am 18. Juni 1944 ermordet wurde. Zu diesem Zeitpunkt war das Riesenrad schon längst arisiert und gehört einer nazistischen Viererbande. Auch die konnte nicht verhindern, dass am 8. April 1945 im Prater ein verheerendes Feuer ausbrach, das praktisch alle Buden der Schausteller und auch das Riesenrad zerstörte. Wie ein ausgebranntes Skelett stand das Riesenrad ohne ein einziges Wagerl in der verkohlten Trümmerlandschaft.

Das Riesenrad im Rechtstreit

Am 25. Mai des Jahres 1947 wurde das Riesenrad wiedereröffnet, 80 Prozent gehörten der österreichischen Republik, 20 Prozent noch immer der Familie eines der Arisierer. Aus Sicherheitsgründen bestückte man es nur mehr mit 15 statt der ursprünglichen 30 Wagen. Die Wagen sind durchnummeriert mit geraden Zahlen von 2, 4, und so fort bis 30. Einige Wagen mit den ungeraden Nummern erblickt man im Raum hinter dem Eingang. Und das nur, weil man unbedingt vermeiden wollte, dass ein Wagerl mit der Nummer 13 in Betrieb geht.

Als die in der Tschechoslowakei lebenden Erben von Eduard Steiner – zwei Töchter sowie eine Enkelin – 1948 ihre Besitzansprüche bei der österreichischen Republik meldeten, demonstrierte diese, was sie unter Restitution verstand: Sie gab das Riesenrad nicht an die Erben zurück, sondern sie wollte im Gegenteil von ihnen die Kosten für den Wiederaufbau eintreiben. **„Dieses Ansinnen ist einigermaßen unverständlich, weil Eduard Steiner von den Nazis keinen**

www.delcampe.net

Schilling und auch keine Reichsmark bekommen hat", bemerkt dazu die Biographin des Riesenrades, Cécile Cordon. Nach langen Prozessen wurde den Erben des Tschechen erst 1953 das Riesenrad zuerkannt. Sie wurden dabei von Doktor Lamac vertreten, einem Brünner Anwalt, Sozialdemokraten und Antifaschisten, der 1946 nach Wien übersiedelt war.

Allerdings blitzten die Erben mit ihrem Begehr „Rückstellung von Erträgnissen" ab, sie erhielten weder einen Heller noch einen Pfennig noch einen Groschen aus den Einnahmen aus der Kriegszeit. Und mir nix, dir nix nach Wien übersiedeln und den Betrieb übernehmen, das ging im Rahmen des kommunistischen Systems nicht. So ventilierten sie einen Verkauf und boten es 1951 der Gemeinde Wien um 500.000 Schilling an.

Antwort: Nein. Infolgedessen sprang der Anwalt Lamac ein und kaufte in zwei Tranchen zwischen 1962 und 1964 das Riesenrad.

Nach seinem Tod im Jahr 1972 wurde es von seiner Tochter Dr. Petritsch und sodann von seinem Enkel Peter Petritsch geführt. Und der Wiener Autor Manfred Chobot schrieb über das „Risnradl":

… obwoi sa si draat wiara aundas radl
kummts net weida bleibts oiweu aufan flek bikn
rent nua im kraas wia bledsinich
s risnradl drunt im broda
is a woschechta weana.

Heute gibt es nur mehr 15 Waggons und keine Nummer 13. (Foto Beppo Beyerl)

Vor dem Riesenrad können Sie sich verewigen lassen! (Foto Beppo Beyerl)

* Das Riesenrad im Englischen Garten, 1897 *

Wien, 3. Juli 1897. Wien ist nunmehr um eine große Attraktion reicher, um das Riesenrad in „Venedig in Wien“, das heute Abend zum erstenmal in Bewegung gesetzt wurde. Seit Monaten hat man das riesige Eisengerippe in die Höhe wachsen gesehen, und die allgemeine Neugier befaßte sich mit dem Ungetüm, dessen gigantische Formen im Prater von weither zu erblicken sind. Zu der heutigen Eröffnungsfahrt war ein zahlreiches Publikum geladen worden, ein weit größeres Publikum aber hatte sich auf allen freien Aussichtspunkten des Praters angesammelt, um der ersten „Rundreise“ des Riesenrades beizuwohnen. Vor den Toren von „Venedig“ standen schon seit Nachmittag Hunderte von Menschen, deren Zahl sich immer mehr erhöhte und die schließlich, als der Abend hereingebrochen war, nach Tausenden beziffert werden konnte.

Am Rad selbst wurde noch bis kurz vor der ersten Fahrt die sogenannte „letzte“ Hand angelegt. Monteure krochen in den Speichen der Riesen-Konstruktion herum, hämmerten und nagelten noch dort und da; Arbeiter der Elektricitäts-Gesellschaft waren geschäftig, um die Hunderten von Beleuchtungskörpern, die das Rad umkreisen, in Stand zu setzen, und Vertreter der Behörde, darunter auch der Leiter des Prater-Commissariates, Ober-Commissär Doleisch, überwachten alle diese letzten Arbeiten.

Um 6 Uhr, eine Stunde nach der angesetzten Frist, begann der Einlaß der Festgäste in die Waggons. Das Rad trägt in seinem Umkreis 30 Wagen mit einem Fassungsraum für je 20 Personen. Die Wagen sind elektrisch beleuchtet. Im Innern mit einer Doppelbank in der Mitte und vier Sitzen in den Ecken versehen, gewähren die Waggons den Fahrgästen durch die breiten, mit Eisenspangen geschützten Fenster einen weiten Ausblick nach allen Seiten. Bei der Eröffnungsfahrt wurden nur je zehn Personen in jedem Wagen platziert. Vor dem Einsteigen richtete Ingenieur Feilbogen eine kurze Ansprache an die Gäste, in der er der Freude über die Vollendung des Riesenwerkes Ausdruck gab, worauf er dann nach seemännischer Art eine an der mächtigen Eisen-Konstruktion befestigte Champagnerflasche mit einem Segensspruch für das Rad zerschmetterte. Direktor Gabor Steiner knüpfte an diese Worte ein Hoch auf den Kaiser, in das die Festgäste stürmisch einstimmten.

Dann wurden die Waggons bestiegen. In ruhiger, vollkommen gleichmäßiger, durch keinerlei Erschütterung gestörter Fahrt erhebt sich der Wagen, und selbst Personen, die, wie der landläufige Ausdruck lautet, an „Schwindel" leiden, können die Fahrt ohne irgendwelches Unbehagen machen. Langsam, gleichmäßig steigt der Wagen und immer weiter und freier wird der Ausblick auf den Prater und sein Menschengewoge, und endlich auf die Stadt selbst, die förmlich greifbar erscheint. Zuerst sinken die Häuser in die Tiefe, dann die Türme und endlich auf der Höhe des Rades – 63 Meter – genießt man einen geradezu wunderbaren Blick auf die Stadt, ihre Umgebung bis weithin über das Marchfeld, bis zum Schneeberg, zu den Karpaten, bis Hainburg, namentlich aber einen köstlichen Ausblick in das Grün des Praters, in seine Wiesen- und Waldpartien, in sein Menschen- und Wagengewirr.

Die Festgäste verließen entzückt von der herrlichen Rundsicht die Waggons und versammelten sich dann in Stalehner's Römersaal zu einem trefflichem Festmahl, bei welchem der erste Toast dem Kaiser und eine Reihe weiterer Trinksprüche dem Erbauer des Rades, Ingenieur Basset, und seinem Adlatus Ingenieur Hitchins und der Presse galten. Dann wurde noch eine Nachtfahrt auf dem Rad angetreten, die einen köstlichen Blick auf die beleuchtete Stadt bot – einen Blick, weit schöner, als vom Kahlenberg, weil man vom Riesenrad aus direkt in das Herz der Stadt schaut.

Nach der offiziellen Eröffnungsfahrt wurde das Rad schon von Hunderten benützt, und es drehte sich bis Mitternacht unablässig.

Einige Daten über die Konstruktion seien hier noch angefügt: Das Rad ist 63 Meter hoch. Die gesamte Eisen-Konstruktion, deren Fundamente tief im Boden betoniert sind, hat ein Gewicht von 450.000 Kilogramm. Zwei Drahtseile, die um die ganze Peripherie des Rades gezogen sind, bewegen dasselbe unter dem Antrieb von zwei Elektromotoren von je 30 Pferdekräften. Eine Störung des Betriebes ist insofern ausgeschlossen, als das Rad, selbst im Fall des Reißens eines Seiles, jeden Moment ohne irgendwelche Gefahr für seine Insassen gestoppt werden kann. Das Rad ist von morgen (Sonntag) an täglich von 1 Uhr Mittags bis 12 Uhr Nachts im Betrieb.

Neue Freie Presse, Wien, 4. Juli 1897 .

AufgeLesen, bearb.: T.K.

Filmstar Riesenrad

Zum Schluss möchte ich zwei Filme erwähnen, die das Riesenrad weit über die Grenzen der engeren Heimat bekannt gemacht haben. Der erste ist natürlich „Der dritte Mann", Regie von Carol Reed, in den Hauptrollen ein noch recht vitaler Orson Welles sowie Joseph Cotton. Beim Betrachten dieses Filmklassikers müssen wir eine dreiviertel Stunde auf Mr. Welles warten, da er zu Beginn der Drehzeit in Rom verweilte und um seine Gage feilschte. So begann Carol Reed im Oktober 1948, die erste Hälfte des Filmes ohne seinen Hauptdarsteller zu drehen. Ein paar Nachtszenen wurden von unbekannten Schauspielern gedoubelt. Nach der Zusicherung durch die Produktion, dass er einen tollen Filmtod erhalten werde, stieg Orson Welles in den Zug und kam am Wiener Südbahnhof an.

Sein Einstieg in den Film ist fulminant – er steigt in ein Wagerl des Riesenrades, um sich mit seinem von Joseph Cotton dargestellten Jugendfreund zu treffen. Sie drehen nun eine Runde mit Blicken auf den vom Krieg devastierten Prater und auf die noch immer entsetzlich ruinöse Wienerstadt. Dabei berichtet Orson Welles, welchen Geschäften er in Wien tatsächlich nachgeht, und hält die sogenannte „Kuckucksuhrrede". Dann folgt eine Unterhaltung im Café unter dem Riesenrad.

Der zweite Film mit dem Riesenrad wurde 1986 gedreht, heißt „Der Hauch des Todes" und zählt zu den besseren James Bond-Filmen, die Titelrolle spielt Timothy Dalton. Und James Bond wiederholt mit dem Bond-Girl – einer Cello-Spielerin aus Bratislava – ziemlich genau die Szenen aus „Der dritte Mann": Sie fahren eine Runde mit dem Riesenrad, dabei berichtet James Bond, welchen Geschäften er im Auftrag der britischen Regierung nachgeht. Dann

Der dritte Mann wird von manchen als der beste britische Film aller Zeiten bezeichnet.

folgt eine Unterhaltung im Café unter dem Riesenrad. Eine Hommage des Bond-Regisseurs an den Kultfilm kann angenommen werden.

Zum Film „Hauch des Todes" gibt es noch ein tolles Kuriosum: Zu Beginn spielen viele Szenen in Bratislava, dann flüchtet Timothy Dalton mit seiner Partnerin aus der Stadt – über die tief verschneiten Alpen – nach Wien, nun spielen die nächsten Szenen in der Wienerstadt. Jetzt der Clou: Jene Passagen, die in Bratislava spielen, wurden in Wien gedreht – Volksoper, Gürtel, die äußeren Bezirke. Und jene Sequenzen, die in Wien spielten, wurden *auch* in Wien gedreht – Riesenrad, Prater, Schönbrunn. Wien war damals im Jahre 1986 je nach Lage und nach Perspektive im Kommunismus und gleichzeitig im Kapitalismus zu Hause; die „enteren Gründ" (die jenseits des Gürtels gelegenen Vororte) entsprachen im Aussehen und Milieu dem realen Sozialismus, die Touristenfallen hingegen dem Kapitalismus.

Und das Riesenrad hat noch immer 120 Speichen, sein Gesamtgewicht beträgt weiterhin 245 Tonnen, sein Durchmesser 61 Meter und es dreht sich seit über 110 Jahren immer noch mit einer Geschwindigkeit von 0,75 Meter pro Sekunde. Und ich verdanke Adelbert Muhr die Einsicht, dass das Riesenrad nicht rund ist, sondern aus 30 Ecken besteht.

Orson Welles im Frühling vor dem Riesenrad. (Foto Beppo Beyerl)

Ausstellungen im Prater

Venedig in Wien

Da gab es also einen Gabor Steiner, der laut zeitgenössischen Fotos recht fesch aussah, ein richtiger Feschak also. In Wien hatte er bereits einen gut klingenden Namen; sein aus Temeswar stammender Vater Maximillian Steiner hatte als Direktor des Theaters an der Wien die Uraufführung der „Fledermaus" von Johann Strauss organisiert. Sohn Gabor, geboren 1858 in Temeswar – man könnte ihn als umtriebigen Projekteur und Tausendsassa bezeichnen – hatte rein zufällig 1894 in London in der dortigen Olympiahalle die Großausstellung „Venice in London" besichtigt, die der ungarische Schausteller Imre Kirhaly als Erlebniswelt inszenierte.

„Das werd ich wohl auch können, was der ungarische Kollege kann!", muss sich Gabor Steiner gedacht haben. Nach Wien zurückgekehrt, pachtete er vom englischen Grundstücksspekulationsbüro The Asset Realisation Co. das früher als „Kaisergarten" bezeichnete Grundstück an der Praterstraße. Die Engländer hatten eine Art „England in Wien"-Projekt im Sinne gehabt, waren jedoch damit kläglich gescheitert, da offenbar im damaligen Wien ein Stückerl England niemand betreten wollte. Aber mit dem „Venedig in Wien" sollte unser Gabor Steiner voll den Nerv der Zeit getroffen haben. Die Desiderate der Sehnsucht des bürgerlichen Publikums, die zielten damals an die Adria, konkret nach Venedig mit seinen Kanälen und Palästen.

Also ließ er die Kulissen Venedigs nachbauen: Bei den Fassaden der Paläste stimmten sogar die Maßstäbe. Dazwischen ließ er künstliche Kanäle anlegen, postierte italienische Straßensänger an den Brücken und die Verkehrswege oder -plätze hießen Via di Roma oder Campo di Murano oder Viale Principale. Selbstverständlich durften zahlreiche Kaffeehäuser, Restaurants und ein Champagnerpavillon mit verschiedenen Kunsthandwerkern und Glasbläsern nicht fehlen. Das einzig „Venezianische" in dieser imposanten Illusion waren angeblich die Gondoliere, die tatsächlich aus Venedig importiert wurden, um mit einem „o sole mio" auf den Lippen die Wiener durch die Kulissenstadt zu schinakeln.

Für dieses Monsterprojekt verpflichtete Gabor Steiner den Architekten Oskar Marmorek, ebenfalls wie Gabor jüdischer Herkunft, geboren am 9. April 1863 im fernen Galizien. Ein Glücksgriff, dieser damals noch junge Architekt, wie sich bald herausstellen sollte. Sofort begab er sich auf Studienreise nach Venedig, und im Jahr 1896 konnte „Venedig in Wien" seine Pforten öffnen.

Diese Venedig-Simulation war der Publikumshit der Saison: Im Konzertsaal dirigierten Franz Lehár und Karl Michael Ziehrer, Volkskomiker unterhielten das Publikum, auf den von S. Czeiger entworfenen Plakaten warb man mit „**Täglich offen von 10 Uhr früh bis 12 Uhr Nachts**", und im Prater blühten wieder einmal die Bäume. Allein im Gründungsjahr konnte Gabor Steiner mit mehr als zwei Millionen zahlenden Besuchern rechnen. Auch der Architekt Oskar Marmorek hätte zufrieden sein können. Er errichtete in weiterer Folge in Wien den bekannten Rüdigerhof samt Kaffeehaus in Margareten sowie den Nestroyhof im 2. Wiener Gemeindebezirk. Doch der Architekt agierte auch auf einem zweiten Betätigungsfeld: Er schloss sich dem Zionismus an und unterstützte die Arbeit seines Freundes Theodor Herzl. Aus nicht bekannten Gründen erfolgte um 1903 jedoch eine Auseinandersetzung mit Theodor Herzl, die zu einem veritablen Krach mit den „Jungzionisten" führte. Weitere Depressionen folgten, und am 7. April 1909, zwei Tage vor seinem 46. Geburtstag, erschoss sich Oskar Marmorek am Grab seines Vaters auf dem Wiener Zentralfriedhof. Interessierte mögen zum alten Israelitischen Teil, 1. Tor wandern und bei der Gruppe 20, Reihe 17 die Nummer 5 sichten.

Von Venedig nach Ägypten

Zurück zum „Venedig in Wien". Ein Erfolg lässt sich nicht automatisch wiederholen, das wusste auch Gabor Steiner. Also variierte er in den Folgejahren sein venezianisches Konzept, auf einmal lockte er mit ägyptischen, dann wieder mit japanischen Kulissen. Und er setzte wie bereits sein Vater Maximillian auf die Produktion von Operetten.

Aber auch Kulissen sind teuer, und Operettenstars kosten ihren Preis. Und wenn die Besucher auf berlinerisch die Schnauze voll haben … Jedenfalls war die Aufführung von Paul Linkes „Der Schla-

AUSSTELLUNG
VENEDIG
IN
WIEN
DRUCK & VERLAG von S. CZEIGER, WIEN.
Jede Vervielfältigung vorbehalten.

ger der Saison" ein großer Misserfolg, und Gabor Steiner musste Konkurs anmelden. Kurzzeitig übernahm er die Leitung des Wiener Etablissement Ronacher, jedoch schaffte er es nicht mehr, der endgültigen Schuldenfalle zu entkommen. Hals über Kopf flüchtete er 1912 aus Wien nach New York, kehrte jedoch 1921 wieder nach Wien zurück. Trotz der Gründung eines Musikverlages kam er finanziell kaum über die Runden, sein in New York gebliebener Sohn Max musste ihm regelmäßig finanzielle Unterstützungen schicken. Was dieser locker schaffte, hatte er sich doch zu einem der führenden Filmkomponisten Hollywoods entwickelt. Die Musik von „Casablanca" sowie „Vom Winde verweht" stammt von seiner Hand.

Nach der Annexion durch die Nationalsozialisten musste Gabor Steiner am 7. September 1938 endgültig Wien verlassen. Er übersiedelte zu seinem Sohn in die USA und heiratete dessen Sekretärin, Erna Mundelius. 1944 starb er in Beverly Hills, wo er auf dem Waldfriedhof begraben liegt. Im Wiener Prater trägt der Zugang vom Praterstern seinen Namen. Und in Wien erinnert noch ein Gebäude an das imposante „Venedig in Wien": Der Dogenhof in der Praterstraße 54. Seine Fassade ist jedoch nicht die Imitation des bekannten Dogenhofes in der Lagunenstadt, sondern des Ca' d'Oro am Canale Grande. Ermattete können sich im gleichnamigen Kaffeehaus stärken.

Die Schilder der Katzenausstellung und der Geflügel- und Taubenausstellung in der Rotunde.

Bilder von der Adria-Ausstellung von 1913.

Werbung für die Wiener Lehrlingsarbeiten-Ausstellung von 1904.

* Die Katzenausstellung im Prater, 1932 *

Wien hat einen neuen Liebling. Man konnte ihn vor einigen Tagen im Radio „singen“ und „sprechen“ hören. Hinter dem Gitter der Ausstellung bildete sich eine Schlangenlinie von Menschen, die den Star unter den Prachttieren, die man hier bewundern kann, den singenden und sprechenden Kater „Murri von der Paßburg“, sehen wollen und geduldig in Sonne und Wind auf den Einlaß in den kleinen Pavillon warten, in dem Kater Murri gnädigst seine Galavorstellung gibt.

Endlich haben wir uns ein Plätzchen erobert und Fräulein Vera Monti aus Berlin, die Besitzerin, steht auch schon mit dem vierbeinigen Künstler am Podium. Vornehm herablassend, betrachtet er sein Publikum, blinzelt glangweilt und sieht verträumt zum Fenster hinaus, während sein Frauerl stolz und mit jenem Verständnis, das die Liebe eingibt, von Murris Talent und Eigenart erzählt. Sie bittet, nicht zu lachen, denn da wird er böse und in seinem Ehrgeiz gekränkt. Nichts wurde ihm eingelernt, eine Katze tut nur, was sie will und läßt sich nicht zwingen. Höchstens abschmeicheln kann man dem innerlich freien und wilden Tier, etwas von seinem komplizierten Seelenleben dem Menschen kund zu tun. Fräulein Monti erzählt, daß Murri zuerst auf Fragen deutlich und bewußt mit „Ja“ und mit „Nein“ antwortet. Dann rief er plötzlich, die Stimme des Frauerls nachahmend die Dienerin „Anna“, an der er sehr hängt. Anläßlich eines Radiokonzertes von Richard Tauber, hörte er aufmerksam zu und begann dann selbst mit gefühlvollem Ton: „Ich hab dich einmal geküßt.“

Und wirklich, ohne sich bitten zu lassen, antwortet er Fräulein Monti auf die ihm direkt gestellten Fragen mit „Ja“ und „Nein“, schlägt dabei leise und vergnügt mit dem herrlichen Schweif, singt mit ihr im Duo „Fuchs du hast die Gans gestohlen“, „Kommt ein Vogerl geflogen“ und schließlich das Schlagerlied Richard Taubers, nicht ganz so wie dieser – ein ernst zu nehmender Rivale ist der vierbeinige Küsntler denn doch nicht – aber trotzdem erstaunlich in Rhythmus und Ton, in Forte und Piano. „Bist du gern in Wien?“, wird er gefragt. „Njein“, kommt es gedehnt zurück. „Freust du dich schon nach Hause, nach Berlin?“ „NJaa“, klingt es begeistert zurück. Die Wiener aber sind entzückt von diesem seltsamen Gast.

In langen Reihen sind Käfige aufgestellt. Herrliche weiße Kater und Katzen mit vergißmeinnichtblauen Augen, schimmernd wie Bergkristall, „Schnucki" und „Tassilo" und „Pascha" sehen in königlicher Ruhe auf den Menschenstrom, der mit lauten Rufen der Bewunderung an ihnen vorüberzieht. „Ich heiße Mäde und bleibe ledig" steht an einem Käfig aufgeschrieben, aber gerade heute am Muttertag ist der in heuchlerischem Unschuldsweiß Schimmernden was passiert: sie hat geworfen, und fünf blinde Junge schmiegen sich in ihr Fell. Herrliche blaue Perserkatzen, beigefarbige Siams, ein riesiger Chinchillakater, possierliche Jungtiere räkeln sich auf Sand und Stroh und vorsorglich mitgegebenen Kissen, topazfarbene, blaue, goldschimmernde Augen mit senkrecht gestellter Pupille schauen mit Urweltblicken aufmerksam und nachdenklich zu diesen Menschen auf, die auf zwei Füßen gehen und sich verrückt gebärden. „Bobby", der Filmstar, mit einer rosa Schleife geschmückt, kennen wir aus der „Rhapsodie der Lieben". Susi, die seidenweiche Tigerkatze, müht sich mit drei Jungen: „Heut' am schönen Muttertag, welche Mühe, welche Plag", steht am Zwinger geschrieben.

Aber auch Tierleid rührt den Tierfreund an: „Zu verkaufen", steht auf manchem Zettel, kein Heim, das nach beeindeter Ausstellung das edle Geschöpf umfangen wird. Tausende von herrenlosen Katzen werden in den Tierschutzvereinen möglichst schmerzlos umgebracht. Eine Feuerkatze, gelb-schwarz, seltsam gestreift, wurde in einer verlassenen Wohnung, mitten im Winter völlig erschöpft, verhungert und halberfroren aufgefunden. Wie der Zettel besagt, wurde ein „Herrl" für das wunderschöne arme Tier gesucht. Aufatmend lesen wir darunter das erlösende Wort „Vergeben".

Im benachbarten Käfig ertönt klägliches Schreien. Ein ganz junges weißes Kätzchen macht verzweifelte Anstrengungen, das Köpfchen zwischen die Gitterstäbe durchzupressen, es kratzt und beißt daran und miaut. Da finden wir die Erklärung. Sein Frauerl ist bei der Tür hereingekommen, das Tierchen hat es von weitem erblickt und schreit ihm entgegen. Der Käfig wird geöffnet und innig, glücklich schmiegt sich das kleine Tier an das Gesicht, in den Arm der Besitzerin. Wer wagt es zu behaupten, daß Tiere keine Seele haben?

Nachdenklich treten wir hinaus in das Pratergetriebe, unter die blühenden Kastanienbäume, die der Frühlingswind schüttelt. Aber die Erinnerung an die edelsteinfarbenen, leuchtenden Tieraugen begleiten uns.

Hilda Strauß-Gutmann

Das Wort der Frau, 15. Mai 1932, S. 4.

AufgeLesen, bearb.: T.K.

* Geflügel im Prater, 1927 *

Im Prater, in dem Phönixpalast, der seinen Namen dem aus seiner Asche auferstehenden mythologischen Wundervogel verdankt, findet die 42. internationale Geflügel- und Taubenausstellung des Ersten Oesterreichischen Geflügelzuchtvereins statt. Die Veranstaltung führt den Namen Vindobona-Schau und wurde Freitagvormittag in feierlicher Form eröffnet. Die ausgestellten Hähne begrüßten den Minister für Land- und Forstwirtschaft mit hellem Krähen gleich trompetenblasenden Herolden. Die Herren des Komitees traten einander im Gedränge, das um den illustren Gast entstand, auf die Hühneraugen und man hielt Reden, in denen die Regierung um wohlwollende Förderung der bodenständigen Geflügelzucht gebeten wurde, worauf der Minister huldvollst versprach, die Hühner unter seine Fittiche zu nehmen. Ein Redner wies auf den Umstand hin, daß sich die Regierung bisher lediglich um Großtiere kümmerte, und den Kleintieren die Segnungen ihrer Fürsorge vorenthielt.

Im Jahre 1926 wurden Schlachtgeflügel und Eier im Preise von 60 Millionen Schilling eingeführt, was sich gewiß vermeiden läßt, wenn der Geflügelzucht mehr Aufmerksamkeit geschenkt wird. Einem Ausweis zufolge bringen fünfeinhalb Hennen ihrem Züchter denselben Gewinn wie eine Kuh. Ein Österreicher konsumiert durchschnittlich zehn Eier im Monat, wogegen in England nicht weniger als 88 Eier auf den Kopf der Bevölkerung entfallen. In Österreich gibt es knapp so viele Hühner wie Menschen; In Dänemark dagegen könnte jeder Bürger deren sechs heimtragen, wenn der Bestand einmal aufgeteilt werden sollte.

Im Mittelpunkt der Vindobona-Schau stand eine besonders rege Propaganda für das Steirerhuhn, dessen Vorzüge einen Flugzettel „Kauft österreichische Hühner" füllen. Der Flugzettel wirft die rhetorische Frage

Die Wasserrutschbahn war populär.

Vor dem Römersaal wurde gerne auf- und abspaziert.

auf, ob wirklich niemand Prophet im eigenen Land sein könne, wobei als Prophet eben das Steirerhuhn gemeint ist. Neben lebendigen sind in einem Glaskasten der Ausstellung auch bereits getötete Steirermasthühner zu sehen, darunter einige mit steirischer Volkstracht angetan. In der Ausstellung sind etwa fünftausend Hühner, Gänse, Enten, Tauben verschiedenster Art, exotische Federtiere aus dem fernen Osten, einige Truthähne, Fasane, Pfauen zu sehen; alle Länder Mitteleuropas sind durch Prachtexemplare eigener Zucht vertreten. Das Stimmengewirr, das im Ausstellungsraum herrscht, erinnert an den Turmbau zu Babel, noch mehr aber an das Konzert moderner Jazzorchester. Man sieht Gänse, so groß, wie Lohengrins Schwan gewesen sein mag – es würde mich interessieren, zu erfahren, wer ihre Leber verspeisen wird und ob er es in einer Sitzung zuwege bringt. Unter den zierlichen Hennen gibt es einige mit dekolletiertem Halse, vornehmen Damen gleichend. Die scharfbespornten Hähne mit zorngeschwellten Kämmen möchten sichtlich gern einen Hahnenkampf miteinander austragen, werden aber durch Gitter im Zaum gehalten. So begnügen sie sich damit, auf dem eigenen Misthaufen zu herrschen. Die Gänse schnattern auch hier, als gelte es, das Kapitol zu retten.

Die Preisrichter gehen im Saal umher und verteilen die Zettel mit dem Gutachten über die Vortrefflichkeit der einzelnen Tiere. Stellenweise hängt ein roter Zettel mit dem Vermerk „sehr gut“, was den ersten Preis bedeutet. Stille Bewunderung wurde der Henne zuteil, die die jährliche Eierlieferung auf 304 Stück brachte und somit an Seite der „Bella“ unseres Bundespräsidenten in das Pantheon der Naturgeschichte einzieht. Den traurigsten Eindruck machen die Kapaunen, aus deren Augen tierische Wehmut spricht. Kein Wunder übrigens, wo sie doch aller Freuden des Daseins beraubt, zu keinem andern Zweck leben, als um den Menschen in ihrem Tod mit fetten Leckerbissen aufzuwarten.

Die Tauben sind in der Galerie des Phönixpalastes untergebracht; die bunte Pracht ihres Gefieders ist derart, daß einem der Mund vor Erstaunen offen bleibt. Wären es gebratene Tauben, so flögen sie sicher hinein. Die größte Beachtung verdient die Gruppe jener Brieftauben, die von Haag bis Wien 950 Kilometer auf eigenen Flügeln zurückgelegt haben.

Mit solchen Motiven konnte man sicher die Verwandtschaft neidisch machen.

Dieser Gondolier war wohl nicht in der Stimmung, ein lustiges Lied zu trällern.

Die Zeit dieser aviatischen Glanzleistung fiel mit dem Ertrinken der französischen Ozeanflieger zusammen. Eine Schar Brieftauben ließ man am Eröffnungstag auffliegen. Ihr Bestimmungsort ist Linz, Klosterneuburg und St. Pölten. Dem Aufflug wurde eine Rede vorangeschickt, die die Aufmerksamkeit auf die Wichtigkeit des Taubenpostwesens hinlenkte und insbesondere ihre Bedeutung im Kriegsfall hervorhob. Der Redner erzählte in diesem Zusammenhang über die Heldentat jener drei Brieftauben, die einer deutschen Division in ihrer bedrängten Lage durch ihre Botschaft den Weg der Rettung wiesen. Den österreichischen Taubenzüchtern wurde in eindringlichster Weise ans Herz gelegt, Brieftauben zu züchten, die im Notfall dem gefährdeten Vaterland zur Verfügung zu stellen seien. Arme Tauben, mit denen man schon zum kommenden Krieg rüstet!

Eugen Hajnal

Arbeiter-Zeitung, 16. November 1927, S. 6.

AufgeLesen, bearb.: T.K.

Die Muskete, Humoristische Wochenschrift:
„Punkt 1 der projektierten Verwaltungsreform: der k.k. Amtsschimmel wird ausgestopft und dem Calafati-Ringelspiel inkororiert."

Die Praterdynastien

Ist der Calafati ein Chinese?

Also: Den Calafati gab's tatsächlich. Er wurde als Basilio Calafati um 1800 in Triest geboren und gehörte ab 1820 zur Zunft der fahrenden Schausteller, er verdiente sich sein Geld redlich mit Zauberstücken und Taschenspielertricks. 1830 landete er im Wiener Wurstelparter, wo er in der Praterhütte 81 für die Praterkoriphäe Sebastian von Schwanenfeld zauberte und trickste. Und heute steht er überlebensgroß gleich hinter dem neukitschigen Eingangsportal in der Mitte des Riesenradplatzes.

1836 machte sich Calafati selbstständig, und 1840 erhielt er die Konzession für ein Karussell mit Holzpferden, das „Zum schwarzen Rössel" hieß und mit einem Gasthaus ausgestattet war. Der geschäftstüchtige Basilio Calafati installierte bald schon ein Dampfwagenkarussell, bei dem die kleinen, auf Gleisen fahrenden Wagerln von zwei Dampfmaschinen gezogen wurden. Nein, überraschenderweise brannte nichts ab, nicht einmal das Dach. Im Gegenteil, da das Karussell sich mit Erfolg weiterdrehte, ergänzte Calafati das Karussell mit dem „großen Chineser": Nach dem Abtragen des Obergeschosses blieb ein etwa neun Meter hoher Mast über, um den er einen sich drehenden „Chineser" anfertigen ließ, mit langem Zopf und Zwirbelbart. Der Wurstelprater hatte wieder eine neue Attraktion. Die zahlreichen Besucher strömten auch nicht „Zum schwarzen Rössel", das nach der Einführung des Dampfkarussells „Zum schwarzen Pfaucherl" hätte heißen müssen, sondern zum „Großen Chineser". Später bezeichneten die Wiener besagte Figur kurzerhand mit dem Namen des Besitzers, die Figur hieß nunmehr Calafati. Dieser Name hielt sich auch nach dem Tod des Besitzers. Im Jahre 1923 kaufte Alexander Kobelkoff, der Sohn des russischen Rumpfmenschen, das Karussell. Dessen Sohn Albert restaurierte 1932 die gesamte Anlage. Dabei verwendete er etwa 17 Kilo Rosshaar für den Zopf des Chineser sowie 80 Meter an Brokatstoff. Kurz darauf wurde diese Kultfigur des Praters unter Denkmalschutz gestellt.

Ringelspiel 1904.

Karussell Fortuna.

Adelbert Muhr schrieb in seinem 1947 erschienenen „Praterbuch“:

Das Furchtzentrum war der Chineser, gleichviel, es zog mich immer wieder an. Noch heute überkommt mich die Erinnerung an jenes Schaudern von damals, wenn ich mir die Riesenfigur des Chinesers inmitten des knatternden Eisenbahnkarussells vergegenwärtige. Unheimlich langsam und würdig drehte sich der gelbe Riesenmann um seine eigene Achse. Wandte er uns den Rücken zu, wo sein langer schwarzer seidig glänzender Zopf aus schwindelnden Höhen herabhing, wagte ich einen scheuen Blick hinauf; kam aber das fiebergelbe gewaltige Gesicht zum Vorschein, versteckte ich mich an Mutters Schoß oder Vaters Achsel, wenn er mich am Arm hielt.

Dem Krieg war das alles wurscht, auch der Calafati gehörte zu seinen Opfern. Und wieder der oft apostrophierte Neuanfang: Im Jahre 1967 schuf Ilse Pompe, die mit dem Ariseur des Reinhardt-Seminars Hans Niederführ verheiratet war, den neuen Calafati. Im Folgejahr 1968 wurde er feierlich aufgestellt.

Und während im selben Jahr in Paris die Barrikaden brannten und in Prag die Panzer des Warschauer Paktes die Straßensperren zermalmten, schaute unser Calafati im Prater ein bisschen skeptisch und vorsichtig in der Gegend herum. Wahrscheinlich zermarterte er sein chinesisches Hirn, um zu eruieren, warum und zu welchem Zweck er auf diesem kleinen blauen Sockel thront.

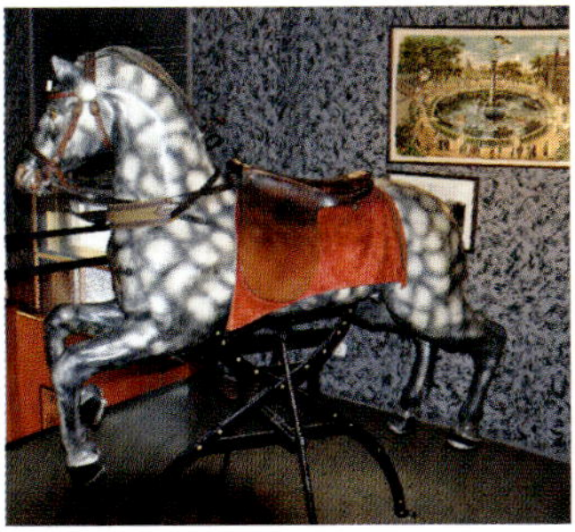

Ringelspielfigur im Pratermuseum 2016.

Ansichtkarte um 1920.

* Der Wurstelprater, 1910 *

Vom Wurstelprater sagte man, dass er den Wienern ans Herz gewachsen sei. Ich weiß nicht, wie weit das heut noch zutrifft. Tatsache ist, dass er an schönen Sonn- und Feiertagen das Ziel von vielen Tausenden bildet, die keinen anderen Zweck verfolgen, als der Schaulust zu frönen und im Schatten grüner Bäume sich an Speis' und noch mehr an Trank zu laben. Aber für alle, die den Prater kannten, wie er vor dreißig und fünfundzwanzig Jahren noch ausgesehen, unterliegt es keinem Zweifel, dass er sich seitdem zu seinem Nachteil verändert hat.

Meine eigenen Erinnerungen gehen bis zu Ende der Siebzigerjahre zurück. Eine kleine Menagier mit einem Bären als Clou, ein ungeheures Schiff, das zu den Klängen eines Werkelkastens feierlich hin und her schaukelte, ein Kasperltheater, ein paar Ringelspiele bildeten das Um und Auf meiner kindlichen Unterhaltung. Am liebsten aber war mir die Feuerwerkswiese, wo ich mit Altersgenossen nach Herzenslust herumtollen konnte, während die Eltern sich's im Grase bequem gemacht hatten. Ich sehe die Feuerwerkswiese noch vor mir. Beim Gasthaus „zur schönen Sklavin" begann sie und reichte von dort bis zum Donaustrom. Uralte Riesenbäume, bald einzeln, bald in Gruppen beisammen und über den ganzen weiten Plan zerstreut, schufen idyllische Plätzchen für Ruhe und Spiel. In der schönen Jahreszeit, an Sonn- und Wochentagen, bot sich dort ein einziges Bild. Wohin man blickte, sah man Menschen: ganze Familien, die sich's im Grase wohl sein ließen, und spielende Kinder, denen der ungeheure Wiesengrund noch genug und genug Platz bot. Kleinere Rasenplätze gab es übrigens im alten Wurstelprater auf Schritt und Tritt. Ja die meisten Gasthäuser lagen in Wiesen eingebettet und man konnte damals mit Recht sagen, dass das Grün der Wiesen und Bäume vorherrschte.

Vor kurzem war ich wieder einmal an einem Wochentag unten. Beinahe möchte man glauben, es sei noch alles beim alten, wenn man beim Bahnviadukt die Ausstellungsstraße hinabblickt und die unabsehbar grüne Linie der Bäume zu beiden Seiten verfolgt. Dann kommt zuerst rechter Hand der Englische Garten, jetzt „Venedig in Wien" geheißen, die den Junggesellen und Strohwitwern sämtlicher Branchen sowie den

Das Ponykarussell im Jahre 1964. (Foto La Speranza)

Das Ponykarussell im Jahre 1963. (Foto La Speranza)

mehr oder weniger kontrollierbaren Venuspriesterinnen geweihte Stätte. Drüben auf der anderen Seite stehen ein paar Schaubuden, die an die Zeiten des alten Praters erinnern. Darunter auch das allen Wienern wohlbekannte Zaubertheater Kratky-Baschik. Es sieht noch immer so aus wie vor fünfunddreißig Jahren in seinem schmucklosen, braunen Holzgewand mit den naiven Spuk- und Gespensterbildern. Auch ein Anschlagzettel flattert dort. Der eigentümliche holzschnittartige Druck, schwarz auf weiß, die unbeholfene Abbildung, die einen Herrn im Fracke in anscheinend lebhafter Unterhaltung mit einem Dutzend Gespenstern und Teufeln zeigt, und der Text deuten darauf hin, dass Kratky-Baschik auch in der Reklame sehr konservativ ist. Allein das konservative Element mag zeitweilig politisch obenauf sein, auf dem Gebiet der Magie muss man wenigstens in den Äußerlichkeiten mit der Neuzeit gehen, will man nicht in den Hintergrund gedrängt werden. Letzteres scheint sich an dem guten Kratky-Baschik bewahrheitet zu haben. Seine Türen sind verschlossen, die Zauberei ruht, einsam und verlassen ist er inmitten des geräuschvollen Lebens.

Noch einige Schritte weiter und die Szenerie ändert sich urplötzlich. Von der schönen Feuerwerkswiese ist nichts übrig geblieben als ein Streifen aufgewühlten, zerbröckelnden Terrains, mit spärlichen vertrockneten Grasbüscheln, malerischen Misthaufen und einigen alten Bäumen, die sich mit ihren herrlichen, dichtbelaubten Kronen sonderbar genug in dieser Einöde ausnehmen. Wohl behauptet das alte Pratergasthaus „zur schönen Sklavin" noch seinen Platz, aber während früher freundliches Grün es von allen Seiten umschloss, ist es jetzt zwischen Bretterwänden und Planken eng eingepfercht und als Staffage im Hintergrund winken die beschmutzten Mauern der Zinskasernen im lieblieben „neuen Praterviertel". Der Prater ist kaiserlich-königlicher Besitz. Er untersteht der Hofverwaltung, die eines schönen Tages auf die Idee kam, einen Teil des Praters der Verbauung zuzuführen, um ihre grässliche Notlage durch ein paar Millionen Gulden neuer Einkünfte zu mildern. Mit einem Federstrich wurden die grünen Wiesen und die alten Bäume, die Lust, Luft, Erholung und Freude für Tausende großer und kleiner Menschen bedeuteten, den berüchtigten Wiener Baugesellschaften ausgeliefert und deren Handlanger errichteten dort einen Stadtteil, der wohl das Erbärm-

Der preußische Berichterstatter im Prater.

(Eine Korrespondenz an seine Zeitung schreibend.) Wien ist, wie ich mich selbst überzeugt habe, eine Stadt, welche ausschließlich von Salamimännern bewohnt wird ....

lichste ist, was man sich denken kann. In schnurgerader Linie dehnt sich ein Gassennetz bis zum Donaustrom aus, bestehend aus den typischen moderen Wiener Zins- und Stinkkasernen – außen pfui und auch innen pfui. Obwohl die Häuser erst kurze Zeit stehen, zeigen sie schon jenes schmutzige Grau, das zum Wiener Lokalkolorit geworden ist; von den Gschnasfassaden löst sich der Verputz, die Mauern zerbröckeln. Rauchende Schlote, unordentliche Verkaufsladen, Branntweinschenken, Gestank, Schmutz, schlampige Weiber, verwahrloste Kinder, Prostituierte sind die charakteristischen Merkmale dieses jämmerlichsten aller Wiener Stadtteile, doppelt jämmerlich,wenn man sich daran erinnert, was früher einmal hier war. Wahrscheinlich um einigermaßen den ersten Eindruck abzuschwächen, hat man die Zinskasernen, die an die Ausstellungsstraße grenzen, eine Strecke lang mit kleinen vergitterten Vorgärtchen versehen. Traurige Gärtchen! Sie sind ebenso verwahrlost und schmutzig wie die Zinsbaracken dainter und an den Gittern hängen ordinäre Reklameschilder und schmierige Bettgeherzettel.

Der eigentliche Wurstelprater, einerseits von der Ausstellungsstraße, andererseits von der Hauptallee begrenzt, nimmt einen verhältnismäßig kleinen Raum ein. Schaubuden und Wirtshäuser drängen sich aneinander, enger als früher einmal, denn manches wurde umgebaut, manches erweitert und die Tendenz, den Raum nach Kräften auszunützen, macht sich immer stärker geltend. Die grünen Rasen, deren es früher, wie bereits erwähnt, auch in diesem Teile genug gab, sind im Verschwinden begriffen. Kein Wunder, dass an heißen Sommernachmittagen bei starkem Besuch erstickender Staub die Luft erfüllt.

Das spezifisch Wienerische im Wurstelprater, die Lust am behaglichen Schauen und Genießen, hat längst dem hastigen, nervösen, aufdringlichen Zuge, der allen heutigen Veranstaltungen innewohnt, Platz gemacht. An Stelle der meisten einfachen, in hellen Farben braun, rot oder grün gestrichenen Holzhütten sind weitläufige Gebäude in dem beliebten marktschreierischen Sezessionsstil getreten. Vergoldete und versilberte Kuppeln von unheimlichen Dimensionen, Karnatiden, die starke Ähnlichkeit mit den bekannten Praternymphen aufweisen, hyperphantastische Stuckornamente bekommt man immer mehr zu sehen. Einen

Auf Holzpferden reitet es sich genauso schön, wie auf echten.

erbaulichen Anblick in diesem Genre bietet eine alte Praterinstitution, früher kurz „Fünfkreuzertanz“ geheißen, jetzt im neuen prachtvollen Gewand den stolzen Titel „Grand Etablissement Swoboda“ führend. O, ihr Boženas, Mariankas und sonstigen Töchter Libussas, wie müssen eure Busen vor Stolz schwellen, wenn ihr eurem Galan verschämt zuflüstert: „Pavlicku milo pojdme do Grand Etablissement!“

„Hür ist daas waahrä Famüllientheader … höte zum vierdenmäul: „Die Habsucht nach dem Geeltä!“, brüllt ein junger Mann, dessen Physiognomie von einer goldbordierten Kappe verschönert wird.

„Ach, das ist ja das Gasthaus, wo sich immer die „Künstler“ produzierten! Wie es scheint, hat sie nun die tragische Muse vertrieben. Ich werfe einen Blick in den Garten. Obwohl es an einem Wochentag ist und die Vorstellung noch nicht begonnen hat, hat sich schon eine größere Zahl von Zuschauern oder besser gesagt Gästen eingefunden, während draußen ein Publikum, in dem Dienstmädchen mit und ohne Kinder, halbwüchsige Jungen und Soldaten dominieren, ungeheure Anstrengungen macht, durch die Lücken eines engmaschigen Holzgitters die weitere Entwicklung der Dinge zu beobachten.

In modernem Gewande präsentieren sich die zahlreichen Ringelspiele. Stilisierte Pferde und formvollendete Gefährte prangen in schreienden Farben, Spiegel und Krystallbeschläge blenden die Augen, elektrisch betriebene Riesenmusikapparate betäuben die Ohren. Berg-, Wasser- und Automobilkarussell, Grottenbahnen […] das sind so die neuesten Erscheinungen auf diesem Gebiet. Überall bemerkt man die Sucht, das Komplizierte an die Stelle des Einfachen zu setzen. Da gibt es Holzpferde, die beim Reiten heftige, sprungartige Bewegungen nach allen Seiten vollführen, Schaukelbahnen, auf denen man gleichzeitig mit großer Schnelligkeit spiralförmig gewundene Ebenen hinabgleiten kann; wie lange noch, und man wird einen Apparat konstruieren, der es den Leuten ermöglichen wird, alle diese Vergnügen, inklusive des Auf-dem-Kopf-Stehen und Mit-den-Beinen-Zappeln, auf einmal zu genießen.

Vor einer übrigens sehr primitiv gehaltenen Bude, die den Titel „Pariser Damenvelodrom“ führt, staut sich eine Menge Leute. Ich bemerke, dass es beinahe ausschließlich männliches Publikum ist, darunter viele halbwüchsige Jungen. Mit Mühe dränge ich mich zum Eingang. Von der beweglichen Decke hängen im Kreise Schaukeln, die sich unter den Klängen eines amerikanischen Gassenhauers, den gellenden Pfiffen und Schreien zweier verdächtig aussehender Individuen mit rasender Geschwindigkeit drehen, gleichzeitig auf und abwärts fliegen und einige „Damen", die die Sitze okkupieren, die erwünschte Gelegenheit bieten, ihre Schnallenschuhe und durchbrochenen Strümpfe bis zu den Knien bewundern zu lassen.

„Fix, dö hat Wadeln!", bemerkt im Tone der höchsten Begeisterung ein zwei Meter langer Jüngling zu seinen Begleitern, und aus der weiteren Konversation geht hervor, dass die sich exponierenden Damen ihre Auslagen gewöhnlich reichlich hereinbringen. Derartige Velodroms gibt es übrigens noch mehrere und an Sonntagen soll es darin recht nett zugehen.

Idyllisch nimmt sich dagegen der gute Calafati aus mit seinen rasselnden Lokomotiven (die eine fährt nach Peking, die andere gar nach Hellas!) und dem Riesenchinesen, dessen ernste Miene, womit er auf die Menschlein zu seinen Füßen herabblickt, die drohend erhobenen Zeigefinger und der lange, ach so lange Zopf ein verständnisvolles Lächeln in so manchem erwachsenen Staatsbürger auslösen dürften.

Und weil ich gerade bei den Ringelspielen halte, möchte ich die Grottenbahn nicht unerwähnt lassen, deren Anziehungskraft insofern vielseitig ist, als sie sich auf Kinder, Liebespaare und anspruchslose Musikfreunde gleichmäßig erstreckt. Für die Kinder gibt es eine phantastische Märchen- und Zauberwelt für die zärtlich Liebenden pechschwarze Finsternis und für die anspruchslosen Musikfreunde ein Orgelwerk, dessen bald energisch schmetternde, bald sanft winselnde Töne ihnen wahrscheinlich mehr Genuss bereitet, als manchem anderen die schönste Beethoven-Symphonie samt gedrucktem Leitfaden. Ich sollte eigentlich jetzt von den anderen Vergnügungen des Wurstelpraters reden. Aber es gibt deren noch so viele, dass mir schon beim Darandenken der Kopf wirbelt. Also lieber nicht.

Auf einem Bänkchen vor dem Wursteltheater sah ich zwei kleine Kinder sitzen. Ein Bub und ein Mäderl, ärmlich gekleidete, bleiche, schmalwangige Kinder. Still saßen sie dort, hielten sich bei der Hand und verzogen keine Miene in ihrem ernsten Gesichtchen. Nur die weitgeöffneten glänzenden Augen sprachen. Die beiden Kinder waren das einzige, was mir im Wurstelprater gefallen hat.

Schermann

Arbeiterzeitung, 17. Juli 1910, S. 1–2.

Kobelkoff – eine Groteske der Natur?

Einer der schillerndsten Figuren im ohnehin schillernden Prater war der Russe Nikolai Wassiljewitsch Kobelkow. Kobelkoff, wie er sich später nannte, kam als 14. Kind einer sibirischen Bauernfamilie im Jahr 1851 zur Welt. Doch wie erblickte er das Licht seiner sibirischen Welt: Schon bei seiner Geburt fehlten sämtliche Gliedmaße, also Hände und Füße. Die Eltern – Vater Vassilij amtierte als Bürgermeister – konsultierten verschiedene Ärzte, um dieses Phänomen zu ergründen, in der Wiener Phase beschäftigte sich auch Professor Billroth mit dem „Rumpfmenschen". Die etwas kuriose und nicht ganz wissenschaftliche Diagnose: Vermutlich handle es sich um eine „spontane Amputation", die im Mutterleib stattfand.

Nikolai waren die Diagnosen wurscht, er lernte einfach, mit seinen Verstümmelungen umzugehen: Er erwarb Fähigkeiten wie Schreiben, Zeichnen und Schießen; er konnte fischen und reiten. Dabei klemmte er die Schreibgeräte oder Gewehre zwischen sein Kinn und den Fleischlappen, der von seinem Arm übrig geblieben war. Zudem vollführte er angesichts seiner Verstümmelung grotesk anmutende Kunststücke. So hüpfte er von seinem Sessel auf den Fußboden, um dort mehrere Purzelbäume in die verschiedensten Richtungen zu unternehmen, fast könnte man meinen, er rotierte wie ein irrwitziger Kreisel. Zudem perfektionierte er folgenden Trick: Während seiner Vorstellung malte er ein Bild, das er noch während der Vorstellung verkaufte. Im Jahr 1900 wurde ein Stummfilm über ihn gedreht, der auch diese Purzelbäume zeigt. Die Aufnahmen werden vom Filmarchiv Austria aufbewahrt.

Nikolai Kobelkoff im Kreise seiner Familie.

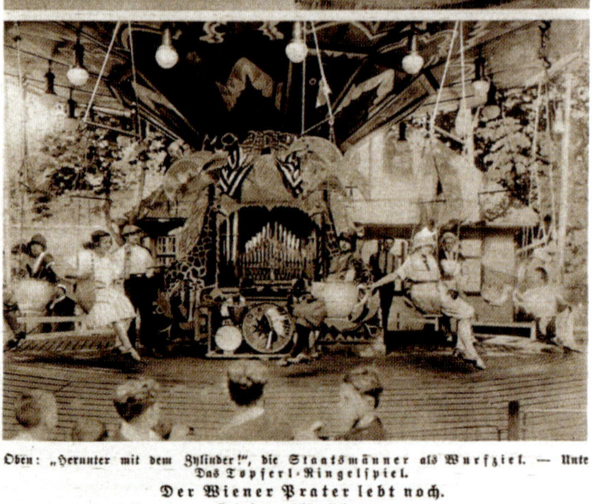

Oben: „Herunter mit dem Zylinder!", die Staatsmänner als Wurfziel. — Unte
Das Topferl-Ringelspiel.

Der Wiener Prater lebt noch.

Nach photographischen Aufnahmen.

Mit diesen skurrilen und grotesken Fertigkeiten galt Kobelkoff als Wunderfigur auf den Jahrmärkten Europas. Immerhin verschaffte er sich dadurch ein Vermögen, das er gewinnbringend anlegen konnte. Eine Tournee führte ihn um 1875 nach Wien, wo er bei Augustine Schaaf auftrat – und sich in deren Schwester Anna Charlotte Wilfert verliebte. 1876 wollten beide in der evangelischen Kirche in Wien heiraten; wegen der Behinderung Nikolais erteilte die Kirche jedoch Heiratsverbot. So heiratete der Rumpfmensch oder Rumpfkünstler, wie er in zeitgenössischen Berichten genannt wurde, 1876 in Budapest seine vielgeliebte Anna Wilfert. Mit ihr zeugte er gewissen Quellen zufolge insgesamt elf (!) Kinder, andere Quellen sprechen nur von sechs Kindern. Als Anna zum ersten Mal schwanger wurde, sorgten sich die Eltern, ob der Stammhalter ebenso als Krüppel auf die Welt kommen könnte. Doch die Angst war unbegründet: Sohn Alexander erblickte vollkommen unversehrt 1876 das Licht der Praterwelt. Auf Familienfotos wurde Nikolai übrigens auf einem Hocker platziert, so blieben die Köpfe der großen Familienschar annähernd in gleicher Höhe.

Trotz, oder wegen, seiner Verstümmelung und trotz, oder wegen, seiner in diesem Zustand vollbrachten Vorführungen schaffte Kobelkoff es auch im Wiener Prater, Ansehen und Reputation zu erreichen. Im Jahre 1906 kaufte er einen Fahrradbetrieb, den er zu einem Velodrom umbaute. Im Jahre 1910 eröffnete Familie Kobelkoff dort die „Manège parisienne“, die sie auf der Pariser Weltausstellung gesehen und sofort gekauft hatten. Mehrere Familienbetriebe entstanden in der Folge, so der erste Toboggan oder der erste „Topferlflieger“.

Als 1912 seine geliebte Anna während einer Reise nach Paris gestorben war, zog sich der trauernde Witwer in sein Haus hinter der Manège parisienne zurück. Dort starb er im Alter von 82 Jahren im Jahre 1933 an Altersschwäche, sein Ehrengrab befindet sich auf dem evangelischen Teil des Zentralfriedhofes und eine noch genauere Biographie in Band 1.

Optische Illusionen gehörten bei Kratky-Baschik genauso dazu wie Geister. (Foto Pemmer)

Programm
für
Professor
KRATKY-BASCHIK's
großartiges
Zauber-Theater.
Täglich Vorstellung
amüsanter Physik, Magie, Musik und Optik
nebst interessanten
Gespenster- und Geistererscheinungen.

Ein Programm von Kratky-Baschik mit allerhand Illusionen und Magie. (Foto Pemmer)

Seine Tochter Helene Pichler kümmerte sich nach seinem Tod um den Erhalt des Imperiums. Einer seiner Söhne – der schon erwähnte Alexander – sollte den Calafati kaufen. Der Toboggan blieb bis in die 1970er Jahre im Familienbesitz.

Anton Kratky-Baschik

Der große Zauberer wurde wahrscheinlich 1810 in Kožlany in der Nähe von Pilsen geboren – oder vielleicht gar erst 1820 in Prag? Man weiß es leider nicht genau und an seiner Gruft auf dem Wiener Zentralfriedhof steht überhaupt 1821 als sein Geburtsjahr. Sicher ist hingegen, dass Anton Kratky sich mit Vorliebe mit der Kunst des Zauberns und mit physikalischen Experimenten beschäftigte und dass er eine gedeihliche Verbindung von Tricks und Technik perfektionierte. Dabei begann er als harmloser Mundharmonikaspieler, der zusammen mit seinem Bruder durch die böhmischen Länder tourte.

Seine Lehrjahre in den Fächern Zaubern und Verzaubern führten ihn nach Deutschland, nach England, nach Amerika, wo er sich mit dem Repertoire der jeweiligen Spezialisten auf diesen speziellen Gebieten vertraut machte. In Amerika arbeitete er mit dem je nach Standpunkt größten Zauberer oder größten Schwindler der Saison zusammen, Phineas Taylor Barnum. Dieser lockte die Volksmassen mit Kaspar-Hauser-Attrappen, mit falschen Fidschi-Meerjungfrauen und der angeblichen 160-jährigen Amme von George Washington.

Im Jahr 1864 – Kratkys damaliges Alter lässt sich auf Grund der Falsifikationen bezüglich seines Geburtsjahres nicht mehr eruieren – landete er zum ersten Mal im Wiener Wurstelprater, wo er für eine Saison ein „Zaubertheater" aufbaute. Sein Aufenthalt blieb kurz wie sein Name Kratky – auf Deutsch kurz, wiewohl er körperlich eher zu den Langen gehörte –, er tourte bald wieder durch Böhmen und Mähren, durch Serbien und Kroatien.

Offenbar lockte ihn jedoch die Weltausstellung 1873 wieder in die Donaumetropole: Anton Kratky gründete im Wurstelprater sein zweites Zaubertheater, das „Theater für Zauberei", das er nach

Bunte Luftballons sind schon lange ein wichtiger Bestandteil des Praterlebens.. (Foto Schwingsmehl)

Foto Historisches Museum Wien, Nr. 74

Alle warten gespannt auf den Beginn der Zaubervorstellung. (Foto Pemmer)

dem Flop der Weltausstellung günstig erwerben konnte. Mit 1.000 Sitzplätzen war es recht groß dimensioniert.

Ausführlich berichtet Robert Kaldy-Karo, Leiter des Wiener Clownmuseums, in seinem Buch „Anton Kratky-Baschik, k.k. Zaubertheaterbesitzer" über den Tschechen Kratky, der seinen Namen durch ein angehängtes „Baschik" etwas orientalisieren wollte: Dort erfahren wir, dass er an der Bretterwand seines Theaters elektrische Leitungen einbauen ließ. Ihr Zweck bestand darin, dass man sich an die Wand anlehnen konnte und dadurch mit einer völlig neuen, elektrisierenden Erscheinung konfrontiert wurde: mit leichten Stromstößen. Weiters schreibt der Wiener Clownspezialist Kaldy-Karo, dass Kratky-Baschik auf einer vier mal sechs Meter großen Glasscheibe diverse Geister erscheinen ließ. Die Erscheinungen dieser Geister gehorchten einer gewissen Dramaturgie, sodass der Besucher beinahe ein Mini-Geisterdrama erleben durfte. Ein Beispieltitel dieser Geisterstücke: „Das Lebensende eines Trinkers oder der Sturz in den Höllenrachen".

Anton Kratky-Baschik soll zudem durch zwei Phänomene seine Beliebtheit beim Wiener Publikum gesteigert haben. Zum einen durch seinen wallenden Backenbart, und zum anderen durch sein auffallendes „Böhmakeln", mit dem er wie etwa Fritz Muliar als Josef Švejk die Lacher auf seine Seite holte

Als unser Zauberer und Tricksler 1889 – laut Robert Kaldy-Karo nach Schlaganfällen und Augenproblemen bereits in angegriffenen gesundheitlichen Zustand – starb, hinterließ er ein beträchtliches Vermögen. Sein Neffe Mathias Kratky konnte jedoch nicht mehr an die Glanz- und Trickzeiten seines Onkels ansetzen. Zudem wurde das Theater im Jahre 1912 wegen Baufälligkeit demoliert.

Aus der Original-Beschriftung: Roserl mit Helene vor der Manège parisienne bei der Firmung im Juni 1936. (Foto La Speranza)

* Der Prater erwacht …, 1931 *

„Im Prater blüh'n wieder die Bäume", singt ein bekanntes Volkslied. Wenn auch die Bäume noch nicht blühen, so ist dennoch der Prater jetzt im Frühling Trumpf. Denn nach einem alten Wiener Diktum ist der Prater immer schön, am schönsten aber im Frühjahr. Wenn auch die Sonne noch nicht scheint, wenn auch der Wind ein bißchen bläst, der Wiener läßt es sich nicht nehmen, seinen Prater im Frühling aufzusuchen. Deshalb herrscht auch allerorten erhöhte Tätigkeit. Eine alte Tradition schreibt den Wienern vor, im April die neuen Frühlingskleider im Prater spazieren zu führen. Der Prater sorgt dafür, daß die neuen Kleider eine würdige Umgebung erhalten: alle Tische und Sessel sind frisch gestrichen und lachen farbenfroh der leider noch spärlichen Sonne entgegen.

Der Wurstelprater ist „frisch auf Glanz" hergerichtet worden. Der alte „Chineser", der sich so gravitätisch mit dem Ringelspiel zur Freude der Kinder dreht, hat sein altes Gewand flicken und putzen lassen und sieht würdevoll, wie ein echter Sohn der Mitte, der kommenden Saison entgegen. An allen Ecken und Enden warten schon die „Luftballons" auf Käufer und die elektrischen Automobile, die sich in einer geradezu unheimlichen Weise vermehrt haben, harren ihrer Lenker. Ausgeruht vom Winterschlaf, scharren die Ponys des Karussels ungeduldig und von der Hochschaubahn hört man schon das erste freudige Kreischen.

Hochmütig blickt das Riesenrad auf diese kleine Welt herab und die Grottenbahnen fahren schon wieder durch Rotkäppchens und Hänsel und Gretels Gefilde. Das Hippodrom hat neue Pferde erhalten und, dem Zuge der Zeit folgend, haben sich auch die Aeroplankarussels vermehrt. Auf den „Hutschen" wird schon fest geschaukelt, die Liliputbahn hat neue Stationen bekommen und ihre Kondukteure neue Kappen.

Es gibt aber immerhin auch Novitäten. Statt der Dame ohne Unterleib und der Dame mit der Schlangenhaut wurden neue „weltberühmte Attraktionen" engagiert. Es wurden, wie die Ausrufer (im Praterjargon „Reformadeure" genannt) versichern, „weder Kosten noch Mühe gescheut", um ein sensationelles Programm zusammenzustellen. Und so präsentiert sich heuer „Ludmilla, das medial veranlagte Phänomen, das mit verbundenen Augen alles sieht, alles weiß", neben Morini, dem Bauchredner und den garantiert echten Zwergen.

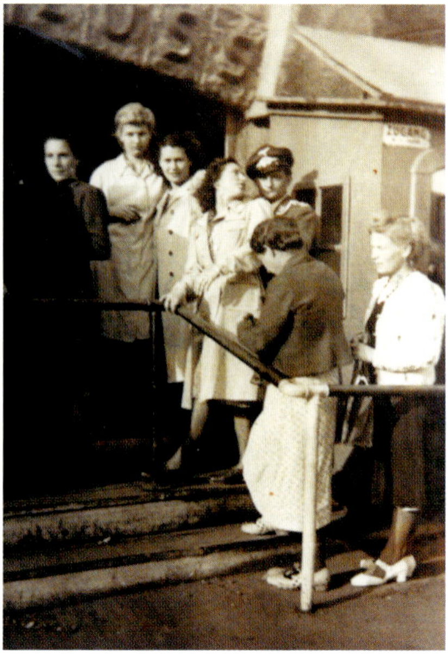

Foto links: Bald geht es hinein in Holzdorfers Geisterschloss!
Foto rechts: Man wartet auf den Einlass in Holzdorfers Geisterschloss.
(Beide Fotos La Speranza)

Auch die Damenkapelle ist wieder da, dann natürlich das vielgerühmte Kasperltheater, das übrigens in einem Marionettenensemble eine Konkurrenz erhalten hat. Dann als neueste Attraktion Wiens, die soeben aus Afrika eingetroffene Menschenfresserfamilie. Schließlich darf man nicht der springkundigen Artisten vergessen, die im Flohzirkus ihre Kunststücke zeigen: sie können ein Karussell treiben, in Kutschen spazierenfahren, mit Stangen balancieren und als besondere Zugnummer sogar ein Säbelduell mit winzigen Papierschwertern ausfechten.

Und unser lieber guter Freund, der „Watschenmann", ist frisch renoviert worden und hat sein Gesicht neu überzogen erhalten, damit er die Manifestationen des überschüssigen Temperaments der Praterbesucher wieder durch eine ganze Saison hindurch ertragen kann.

Lilian

Wort der Frau, 12. April 1931, S. 3.

AufgeLesen, bearb.: T.K.

August Schaaf: König der Bankisten oder Direktor eines Affentheaters?

August Schaaf war freilich auch kein Wiener, sondern ein Leipziger. Ursprünglich lockte er die Besucher mit seinem Affentheater, was ich mir sehr lustig vorstelle – bis heute gilt im Wienerischen die Bezeichnung Affentheater für einen verwordackelten Auftritt von astreinen Wapplern.

Herr August Schaaf kaufte jedenfalls 1866 eine Hütte im Prater. Er präsentierte in seinem „Panoptikum" bevorzugt Zwerge und Riesen, Blade und Gselchte, also Personen mit ungewöhnlichem Körperbau. Zwei möchte ich hier erwähnen: Kurz nach 1866 gastierte das damals berühmte „Riesenkind" Emilie Folke, das sowohl durch seinen massigen Körperbau als auch durch seine Schönheit als Attraktion galt, und 1875 vollführte hier der russische Rumpfmensch Kobelkoff seine gliedlosen Kunststücke. Wobei gerade die Anomalität der präsentierten „Figuren" beim Betrachter Erstaunen und Entzücken auslöste. Über die Gründe des Wohlgefallens wollen wir hier nicht spekulieren, schließlich schrieb Sigmund Freud erst

Ringelspiele verschiedener Epochen. (Foto Lang)

einige Jahre später, genau im Jahre 1899, seine berühmt gewordene „Traumdeutung". Durch seine regen Umtriebe galt Herr August Schaaf bald als „König der Bankisten", also als Capo der Schausteller im Prater. Nach seinem Tod im Jahre 1885 führte seine zweite Frau Auguste seine Unternehmungen fort und begeisterte die Wiener jede Saison mit neuen Überraschungen wie Bauchrednern, Schießstätten oder der ersten Wasserrutschbahn.

Auch Sohn Friedrich Karl blieb aktiv: 1866 fungierte er als Mitbegründer eines Karussells mit dem Namen „Zum Goldenen Ritter". Die Fahrer des Karussells drehten sich dabei um eine goldene Rittergestalt. Mit einem Stockhieb an eine bestimmte Stelle konnte man den Ritter zum Rotieren bringen. Zudem holte er die neuesten animalischen Errungenschaften in seine Menagerie: tanzende Schlangen, rechnende Hunde, hüpfende Flöhe. Sohn Friedrich Karl ließ 1911 auch das erste Aeroplankarussell errichten; mit seiner Höhe von 19 Metern konnte es mit einem Wiener Zinshaus mithalten.

Friedrich Karl war mit dem Klaviervirtuosen und Sänger Hermann Leopoldi bekannt. Dieser ließ sich die Chance nicht nehmen und schrieb für das Karussell der Familie Schaaf seinen bis heute oft gespielten Schlager über das „Ringelspiel". Zuletzt nahm im Jahre 1980 Michael Heltau diesen Gassenhauer auf.

Treten S' ein, nur herein –
Größter Jux für Groß und Klein!
Jeder Schimmel neu lackiert –
Werkel frisch geschmiert!
Eine Fuhr, eine Tour
Kostet zwanzig Groschen nur!
Eine Reise voller Spaß
Ohne Reisepaß!
Jeder hutscht sich wie er kann –
Vorwärts, gemma's an!
Schön ist so ein Ringelspiel –
Das is' a Hetz und kost net viel!
Damit auch der kleine Mann

Toboggan, 1996. (Foto La Speranza)

Sich eine Freude leisten kann!
Immer wieder foahrt ma weg
Und draht si doch am selben Fleck!
Man kann sagen, wos ma will –
Schön ist so ein Ringelspiel!

Zudem errichtete der umtriebige Friedrich Karl Schaaf 1920 das erste Autodrom im Wiener Prater. Es wurde damals der Begeisterung die Elektrizität folgend als „Elektrodrom" bezeichnet.

Im Jahr 1945 wurden beinahe alle Familienunternehmungen durch die Kriegsendverbrechen zerstört.

Hermann Präuscher: Frivol, skurril oder gar vulgär?

Er wurde 1839 in Gotha, im heutigen Thüringen, geboren, somit vervollständigt er die beträchtliche Zahl der „Zuagrasten". Nach den üblichen Sturm- und Flegeljahren – so soll Hermann Präuscher als Raubtierdompteur gearbeitet haben – ließ er sich 1871 im Wiener Prater nieder. Für den Bau seines Panoptikums gewann er das berühmte Architektengespann Hellmer und Fellner, allseits bekannt in der weitläufigen Welt der Monarchie für seine historistischen Theaterbauten.

Das griechische „panopticon" verweist auf alles, was man sehen kann. Freilich, *alles* konnte man in Präuschers Panopticum für matte 10 Gulden nicht sehen, aber doch Tausende von Präparaten. Darunter Prinz Eugen, Martin Luther, Friedrich Schiller, Richard Wagner, Johann Strauss, und aus der österreichischen Herrscherdynastie Joseph II., Maria Theresia, weiters die Serie der deutschen Herrscherdynastie. Alle waren aus Wachs geformt und hatten eine verblüffende Ähnlichkeit mit den historischen Figuren.

Aber ohne Gruseln und Gänsehaut geht's nicht, wozu ist unsere Welt voller Schrecken. Also konnte man auch den berüchtigten Dienstbotenmörder Hugo Schenk begaffen. Und weil es zum brisanten Thema Sicherheit passt: Verschiedene Folterwerkzeuge und Inquisitionsgerichte luden ein zur wohlfeilen Betrachtung. Und köst-

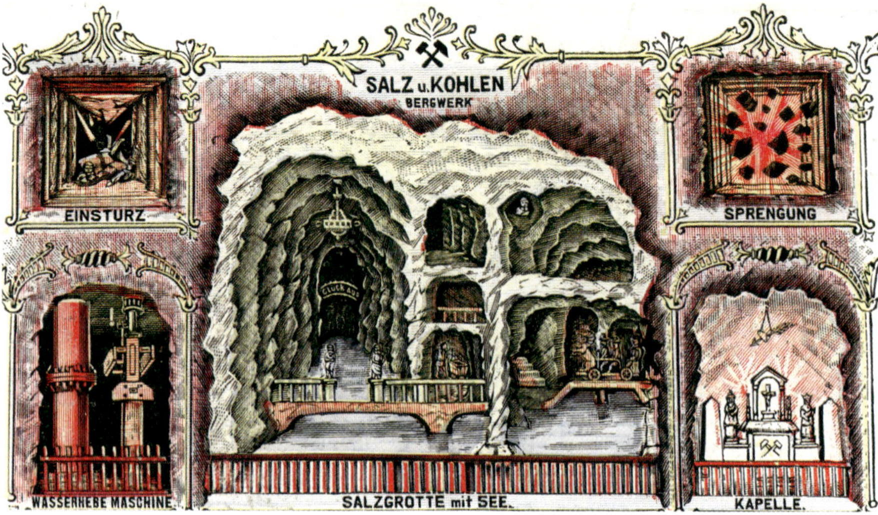

Das Sexmuseum von außen im Jahre 1992. (Foto La Speranza)

liche Szenen wurden echt wie im Leben nachgestellt, so ein Femegericht, bei der ein junges Mädchen von den Folterknechten mit glühenden Zangen zu einem Geständnis erpresst wurde. Zur Einstimmung des unbedarften Besuchers war vor dem Panopticum ein wilder Gorilla postiert, der ein spärlich bekleidetes weißes Mädchen an sich reißt. Um diesen Effekt zu verstärken, konnte der Gorilla sein Gebiss fletschen. Freilich eine sich später oft wiederholende typologische Darstellung: Böse Bestie misshandelt heimische Unschuld. Psychoanalytische Untersuchungen über Lüste und Projektionen sollten aber erst 50 Jahre später erscheinen.

Angebaut an das Präuschersche Panopticum war ein „Anatomiemuseum", dessen Besuch Erwachsenen vorbehalten war. Und besagte Erwachsene konnten betrachten: Föten, Säuferlebern, Schrumpfköpfe. Also alles, was das unschuldige Herz begehrte. Dazu künstliche Präparate von diversen Körperteilen sowie entstellten Organen. Ob Papa Präuscher nach der erfolgreich abgeschlossenen Tour seinen Besuchern einen Verdauungsschnaps servierte, ist dem Autor nicht bekannt.

So nebenbei erwähnt war ein paar Jahre lang die damals weltberühmte Bartdame, das „Haarweib" Julia Pastrana, die große Sensation des Praters. Ihren ausgestopften Körper hatte Hermann Präuscher angemietet. Mehr zu Frau Pastrana findet man in Band 1. Es gab auch das Gerücht, dass Papa Präuscher die Häute von Menschen im Fall ihres Todes kaufte oder mietete. Der gewöhnliche Preis belief sich auf zehn Gulden und entsprach somit dem Preis für den Eintritt ins Panopticum.

Nach dem Tod des Panopticum-Besitzers im Jahre 1896 führten seine Erben das kuriose Wachsfiguren-Kabinett weiter, bis dann im April 1945 im Rahmen der Kriegsendverbrechen das Feuer große Teile desselben zerstörte. Einige Wachsfiguren konnte die Enkelin Rosa Frankfurt retten, sie versteckte sie im Keller einer Kohlenhandlung. Andere Wachsfiguren tauchten auf überraschende Weise bei Versteigerungen oder bei Antiquitätenhändlern auf, das heißt, sie

Pränumerations-Preise:
Für Wien:

Illustrirtes Wiener Extrablatt.

Redaction und Druckerei

Administration, Expedition und Inseraten-Aufnahme:

Nr. 181. Wien, Sonntag, 3. Juli 1898. 27. Jahrgang.

Kalender für Alle:

Sehenswürdigkeiten:

Das Bravourstück einer Artistin.

Bravourakt der Artistin Maria Kindl am 3. Juli 1898

existieren heute noch an teilweise unbekannten Standorten. Und andere Figuren sind tatsächlich den Flammen zum Opfer gefallen. Aber ganz genau wurde das in Band 1 ausrecherchiert.

Das Nachfolgemuseum war dann ein Sexmuseum, das jedoch Ende der 90er Jahre seine Pforten schließen musste. Dafür erinnert an den legendären Panoptikumgründer seit 1963 der Präuscherplatz im Wiener Prater.

* Todessprung im Prater, 1931 *

Ein merkwürdiger Zug geht durch unsere Zeit. Wie einst im alten Rom die Gladiatoren auf Tod und Leben zur Ergötzung der Zuschauer kämpfen mußten, so ersinnen geschäftstüchtige Manager immer neue Nervenkitzel für ein sensationslüsternes Publikum.

Grelle Plakate, auf denen grinsende Totengerippe abgebildet sind, künden von der allerneuesten Sensation: Im Prater zeigt ein Artist den „Todessprung", bei welchem er mit seiner sechzehnjährigen Tochter von einem sechsunddreißig Meter hohen Gerüst in ein ganz kleines Wasserbecken springt.

Aber mit des Schicksals Mächten ist kein ewiger Bund zu flechten und nachdem der Sprung des Todes bereits im Ausland an die tausendmal gelungen war, stürzte hier das junge Mädchen – vielleicht just beim tausendundeintenmale – so unglücklich, daß sie sich die Wirbelsäule brach. Und so liegt sie nun mit zerschmetterten Gliedern im Spital, hat kein Wort der Klage, kein Wort des Jammers. „Das ist Artistenschicksal", ist die einzige Bemerkung, mit der sie ihr trauriges Los quittierte, mit der sie in philosophischer Ruhe das Unabänderliche zur Kenntnis nahm. Armes Mädel! Nie wird sie mehr ihre Glieder bewegen können, nie wird sie mehr nur einen einzigen Schritt gehen können. Arme, arme Anne Ringens! Ihr junges Leben wird von nun an ein ewiges Dahinsiechen sein, sie wird im besten Falle an einem Rollwagen gefesselt dahinwelken. Weil ein auf Sensationen erpichtes Publikum Darbietungen sehen will, die auf Leben und Tod gehen. Und so hat nun die arme Anne Ringens ihr junges Leben, ihre gesunden Gliedmaßen einem Wahne geopfert, dem Wahne der Sensation um jeden Preis.

TIEFFLUG
ÜBER
WIEN

22
24
26

Ist das wirklich Artistenschicksal? Nein – und tausendmal nein! In unzähligen Briefen wenden sich Frauen an uns mit der Frage, wie man in Zukunft solchen Vorkommnissen vorbeugen könnte. Die Frauen lehnen sich dagegen auf, daß die Gesundheit und das Leben von Menschen nur deshalb aufs Spiel gesetzt werden sollen, weil findige Geschäftsleute Profit machen wollen.

Das Schicksal der armen kleinen Anne Ringens fordert kategorisch, daß hier Abhilfe geschaffen werde. Wir werden eine Anzahl der uns zugekommenen Briefe veröffentlichen und bitten die Frauen, uns ihre Ansicht bekanntzugeben, wie man in Zukunft solche Darbietungen, welche Gesundheit und Leben gefährden, verhindern könnte.

r.

Das Wort der Frau, 19. Juli 1931, S. 4.

AufgeLesen, bearb.: T.K.

Los Faustos vor dem Sexmuseum, 1993. (Foto La Speranza)

Sex and Crime

Dass im Augebiet des Praters die Männer die Gunst der Damen (so sagte man früher) beziehungsweise ihren Körper (so schreibt man heute direkter) kauften, lag in der natürlichen Beschaffenheit des Praters, mit seinen vielen schützenden Büschen und geschützten Plätzen. Wie heute gab es auch damals je nach sozialer Lage der Herren – damals war von Kavalieren die Rede – eine Differenzierung: entweder sprach man von Damen für gehobenere Ansprüche oder von billigen Prostituierten. Da diese Aktionen vor allem bei gehobenen Ansprüchen in horizontaler Lage vollzogen werden, entstand die Spezialform des „horizontalen Gewerbes". Ob es das älteste Gewerbe der Welt ist, darüber gibt nicht einmal die Bibel Auskunft. Oder habe ich wichtige Seiten der Bibel überflogen?

Schon am Tag der Eröffnung des Praters, also am 7. April 1766, strich – nicht, was Sie jetzt glauben – strich die Sittenpolizei mit Arglust durch die Schlupfwinkel des Praters. So soll es ein einziger Beamter dieser Behörde auf 102 Verhaftungen gebracht haben.

„Als der Prater geöffnet wurde, ließ man die dichten Büsche aushauen, und dieser Ort des Vergnügens füllte sich mit Rumorknechten und Spionen der Keuschheitskommission, die dort auf einzelne Paare lauerten, sie mit harten Worten anfuhren oder gar auf die Wache schleppten, wo sie sich mit Geld loskaufen mussten."

Wo bleibt da die Moral, fragt man sich angesichts dieses Zitates von Anna Ehrlich aus ihrem Buch „Auf den Spuren der Josephine Mutzenbacher".

* Der Prater, 1957 *

Ein Schlupfwinkel des geheimen Dirnentreibens und jener dunklen Elemente, die sie begleiteten, war der Prater. Selbstverständlich standen damals noch keine Ringelspiele und andere Attraktionen, sondern es handelte sich um die weiten Praterauen, die „Liebespaaren" aller Sorten ein schwer erhältliches und daher ebenso teueres wie durch die Sitten-

Das Cinema Erotica – gleich neben dem Kasperltheater. Sehr passend, 1993. (Foto La Speranza)

Das Sexmuseum anno 1994. (Foto La Speranza)

polizei gefährdetes Hotelzimmer ersparten. Seit Anbeginn bis zu unseren Zeiten sind ja die Praterauen das chambre séparée par excellence für Paare, die eine stille Mondnacht dem lichten Tag vorziehen.

Die Praterau war der sittenstrengen Kaiserin [Anm.: Maria Theresia] ein Dorn im Auge, aber ihre Keuschheitskommissäre konnten nur wenig ausrichten. Riesbeck schreibt: „Wie ekelhaft ist für einen Menschenfreund der Anblick im Prater, wo die Natur selbst die Menschen zum freien Genuss des Umgangs einladet, wenn er sieht, wie der Wächter den jungen Menschen in die Gebüsche und unter die Bäume nachgeht, um den möglichen „Sünden“ zuvorzukommen.“

Nachts war es selbst für die Herren Keuschheitskommissäre nicht ungefährlich, durch die mit dichtem Buschwerk bestandenen Auwälder zu streifen, und mancher bezahlte eine „Entdeckung“ mit mehr oder weniger wohlgemeinten Hieben. Um die Arbeit ihrer Kommissäre zu erleichtern, ließ die Kaiserin durch Rumorknechte alles schützende Buschwerk abholzen. Die Polizisten wussten dennoch, dass die „Schlagkräftigkeit“ der Praterstrizzis nicht zu unterschätzen war, und schlossen lieber einen für beide Teile vorteilhaften, doch die kaiserlichen Vorschriften ignorierenden Sonderfrieden. Sie ließen sich ganz gerne die Augen durch kleine Pflästerchen in Form von Talern verkleben, statt an Stelle eines freundschaftlichen Geschenkes einen Einweisungsschein ins nächste Krankenhaus zu erhalten.

Dr. Richard Waldegg
Sittengeschichte von Wien, 1957, S. 79.

Interessanterweise schrieb ein Autor namens Joseph Richter nicht nur die heute noch bekannten „Briefe eines Eipeldauers an seinen Herrn Vetter in Kakran über d' Wienstadt“, sondern 1787 das freilich nicht mehr aktuelle „Taschenbuch für Grabennymphen“, das sich eher an die Schar der die Männer umgarnenden Nymphen denn an ihre zahlende Kundschaft richtete. Ich zitiere:

Da der Prater ein Wald ist, und Nymphen sich am liebsten im Wald aufhalten, so ist der Prater recht für euch gemacht, und ihr werdet, so

Duftende Grüße
aus dem
Sommer-Etablissement
„Venedig“.

ihr eure Kunst nur halbwegs versteht, alle Hände voll zu tun kriegen. Herren werden hier, da sie vor den Spionblicken ihrer alten Frauen sicher sind, kühn durch das Gebüsch nachstreichen, und zu euch Nothelferinnen ihre Zuflucht nehmen.

Joseph Richter gab auch saisonale Empfehlungen für die Tätigkeit der Nymphen. So empfahl er die Wonnemonate Mai und Juni, warnte jedoch vor dem Juli. Als Grund nannte er die Gelsengefahr. Nach selbigem Joseph Richter war übrigens an der Alten Donau eine Gasse benannt, die jedoch 1955 in Schlenthergasse umbenannt wurde.

Sollte die Kontaktnahme oder der entscheidende Erstkontakt auf etwaige Hemmungen oder auf andere Barrieren stoßen, so gab es im Prater eine fixe und unumstößliche Alternative: Man traf sich in bestimmten Praterlokalen, die man im heutigen Sprachgebrauch als anstößig oder zwielichtig bezeichnen könnte. Als besonders anstößig erwies sich etwa das Gasthaus zu den 3 Linden. Es geht anders, aber so geht es auch: Im Jahr 1809 befinden wir uns bereits in der Ära Napoleons. Laut Susanne Mauther-Weber und ihrem Buch „Venuswege – ein erotischer Führer durch das alte Wien", berichtete ein Spitzel im Dienste der österreichischen Monarchie, dass der Kaiser der Franzosen sich in seiner Nobelkutsche stundenlang im Prater aufhielt. Der Spitzel berichtete weiters, dass die Kutsche verdächtig schaukelte, weitere Details konnte man seinem Bericht nicht entnehmen. Der Name einer Kutschennymphe des Kaisers der Franzosen ist jedoch überliefert: Es handelte sich dabei um eine Klara Zischka.

Zwischen ein und vier Uhr früh . . .

* Prater bei Nacht, 1928 *

Zwischen ein und vier Uhr früh …

Prater: alle kennen und lieben wir ihn, ein bißchen wehmütig und doch zärtlich - Land unserer Jugend, unserer kindlichen Tage, Land unserer kleinen, unschuldigen Freuden, die den Erwachsenen wieder zum Kind werden lassen. Noch kreischen die Werkel wie einst im tollen Wirbel der Ringelspiele, in den Schießhütten krachen die Flinten, und wie ein lieber alter Bekannter steht schlicht und bieder Freund Watschenmann da, bereit, allen Zorn der Welt über sich ergehen zu lassen. Und neben dem alten Prater, in dessen Buden rothosige Dragoner sporenklirrend nach Abenteuern Ausschau hielten, flammen die neuen rotglühenden Neonröhren auf schlankem Gestänge, brüllende Autodroms, sausende Wagen auf waghalsiger Bahn. Das Tempo ist rascher geworden, es ist das Tempo unserer Zeit, unseres Lebens, übertragen auf flimmernde Buden, Tempel des Vergnügens.

Aber zwei Gesichter hat der Prater: harmloses Kinderland und großer Sumpf ist er zugleich, Vergnügungspark und schmutziger Elendswinkel der Großstadt. Hart stoßen die Gegensätze aneinander – der Tag, der Abend, die Nacht des Praters, sie sind voneinander verschieden wie drei fremde Welten, die nichts Gemeinsames haben als den Rahmen, in dem sich ihr wechselndes Leben bewegt.

Still und ruhig ist der Vormittag des Praters. Geschlossene Buden, trabende Pferde in den Alleen, bis hinunter zum Lusthaus. Erst am Nachmittag erwacht er langsam und rüstet für den Abend und sein Leben. Für den Abend, der täglich wiederkehrendes Fest ist, Symphonie snobiger Lichter und zerrissener Melodien, Tohuwabohu tausender Geräusche, die alle zusammen die Stimme des Praters sind, die lockt und ruft, im Funkeln der bunten Lampen und dem Dröhnen des gewaltigen Vergnügungsbetriebes. Denn hier ist alles „Betrieb" – Vergnügen und Freude und Liebe … Noch um Mitternacht dringt warmer Gulaschdunst aus dunklen Gasthausgärten, deren Atmosphäre Biergeruch beherrscht — aber dann wird es leer und leerer. Längst sind die tausend grellen Lampen erloschen, der „Betrieb" ist zur Ruh gegangen.

Kein Gorilla mit weißer, junger Unschuld mehr, sondern ein grüner Dämon bei der Geisterbahn, 1993. (Foto La Speranza)

1 Uhr nachts.

… und langsam erwacht der andere Betrieb. Der stille, versteckte Betrieb, der Material für Polizeibericht und Tagesneuigkeitenrubrik liefert, mit seinen tausend namenlosen Agierenden, die ewig im Dunkeln leben. Der Prater schläft, der Prater erwacht. Denn der eine ist nicht der andere. Zwischen geschlossenen Buden tauchen einsame, schleichende Gestalten auf. Die Nachtluft ist kühl geworden. Irgendwo glimmt eine Zigarette. Bank in der Hauptallee. Ein Mann sitzt und raucht. Durch dunkles Geäst schimmern die Sterne. Säbelklirrend patrouilliert ein Wachmann. Der Raucher steht auf und verschwindet im Gebüsch. Die Nacht ist still und ruhig. Der Prater schläft, der Prater wacht …

Zwei Uhr nachts.

Der Wind rüttelt an den Bäumen. In der Ferne grollt leise der Donner. Auf taunassen Wiesen liegen ein paar müde Schläfer. Ihnen ist der Prater Heimat und Unterkunft. Eng aneinandergeschmiegt tappt ein Paar durchs Dunkel. Der Donner kommt langsam näher. Es geistert zwischen den Buden. Bunte Frühlingshüte, ein bißchen Parfüm, ein leises Rauschen von Frauenkleidern: „Kumm mit…"

Es soll verheißungsvoll klingen. Aber es klingt müde, ein bißchen hoffnungslos. Und die bunten Hüte verschwinden im Dunkel. Ihnen allein ist der Prater Markt, auf dem die Ware Frauenkörper verkauft wird… Die „besseren" vorn, am „Stern", die älteren, abgesorgten, im Dunkel nächtlicher Budengassen und die alten, ausrangierten Soldatinnen des Schlachtfeldes der Liebe im Schutz einsamen Gesträuchs. Glücklich die „Protokollierten", die „befugt" sind und für den traurigsten der Erwerbe Steuer zahlen müssen; gehetzt, gejagt, in stündlicher Angst, die „Halbseidenen", die sich aus Furcht vor der Sittenpolizei nicht ins Hotel trauen und feuchten Wiesengrund zum „Liebeslager" werden lassen. Sie sind wie scheue Tiere, und wenn sie ordinäre Worte sprechen, ist es wie Ausbruch ihrer Verzweiflung und dumpfe Auflehnung. Grau und zerfurcht, mit Schminke überzogen, ist das Antlitz dieses Praters; es kennt nicht mehr Leid und Freud – nur mehr das Bedürfnis, ein bißchen zu essen. Vielleicht daß ein Betrunkener hier vorbeikommt …

Das Kleine Blatt, 28. Juli 1928; S. 3.

Erotica Kasperltheater? Nein, nein, das Cinema Erotica ist nur gleich daneben. (Foto La Speranza)

Susanne Mauthner-Weber erzählt auch von einer später im Prater kaum mehr auftauchenden Spezies: Dem „Lustmörder". Der trieb zum Schrecken der Praternymphen im Jahr 1827 sein mörderisches Unwesen. Erst ergötzte er sich heimlich an der Verrichtung des Liebesaktes, danach brachte er Frau und Mann um. In seinem Hauptberuf agierte er als Schuhmacher; da er offensichtlich für die „türkischen Schuhe" keine Kundschaft fand, zog er sie selber an, auch bei seinen Lustmorden im Prater. Über die Spuren, die diese türkischen Schuhe im Praterboden hinterließen, konnten die ermittelnden Polizisten den Schuhmacher eruieren.

Zurück zum „Praterstrich", den man in Analogie zum heutigen Autostrich eher als Kutschenstrich bezeichnen könnte. Die Behörden befürchteten anlässlich der Weltausstellung im Jahre 1873 eine unkontrollierte Ausuferung desselben und wollten verhindern, dass dabei höchstgestellte Personen von bestimmten Krankheiten infiziert werden. Also begannen sie mit der Methode der Reglementierung. Die Prostituierten mussten sich regelmäßig ärztlichen Kontrollen unterziehen, dafür erhielten sie ein von der Polizei ausgestelltes „Gesundheitsbuch" samt Foto der jeweiligen Prostituierten. Da dieses Gesundheitsbuch eine Pappdeckelung aufwies, hieß es von nun an nur mehr „Deck'l". Also etwa: **„Sie hat eh an Deck'l"**, also sie arbeitete nicht schwarz.

Im Jahr der Weltausstellung wurden 1.546 Gesundheitsbücher ausgestellt, im Folgejahr bereits 6.424. Die Behörden schätzten jedoch, dass etwa 12.000 Frauen dieses Gewerbe schwarz ausübten.

Die Bim auf dem Weg zum Lusthaus. (Foto La Speranza)

* Prater-Liebesregeln, 1907 *

1. Bist du stier, so schlendere gemächlich durch die Hauptallee, geselle dich nur zu einer Maid, deren Mutter beim Ersten Kaffeehaus auf einem Sessel sitzt und wo du sicher bist, das Mädchen nicht vom Pfade der allein betrübt machenden Tugend abbringen zu können. Führe sie ungefähr in die Rotundenallee, sei riesig zärtlich (weil dies ganz gefahrlos ist), schwelge in Poesie und zitiere Heine, wird sie hievon gerührt, so lotse sie in die Auen. Vergiss dann ja nicht beim Abschied zu sagen: „Schade, dass die Mama hier ist, ich hätte Sie so gern nach Venedig mitgenommen."

2. Hast du einen Gulden, so wage es ja nicht, vor neun Uhr abends eine alleingehende Dame anzusprechen, Die Zeit von sieben bis neun Uhr ist ungeheur appetitreizend und musikalische Seelen wollen dabei nur ins Dritte Kaffeehaus pilgern. Nach neun genieren sich die meisten Holden, Hunger zu äußern und sehnen sich nur nach einer Nachspeise. Du kannst sie mit 20 Kreuzer Käse und Salami bequem sättigen. Zwei Krügel Bier machen 24 Kreuzer, also ist dein ganzes Budget mit 54 Kreuzer belastet. Wird es nach zehn, so verschwinde mit ihr in verschwiegenen Avenuen. Es ist wohl unbequem, aber es geht auch so.

3. Hast du zwei Gulden, so wage es ja nicht, dich an zwei Freundinnen heranzumachen, sondern begnüge dich mit einer, die du auf einen kalten Schmaus (Käse und Salami), in ein Restaurant, sodann auf eine Schokolade in ein Café führen darfst. Bist du anständig, gibst du ihr auf morgen ein Rendezvous und sie hält es dann nicht ein. Bist du unanständig, drückst du sie bei eintretender Dunkelheit auf eine Bank nieder und bemühst dich, von allem soviel als möglich zu erreichen, dann gibt sie dir ein Rendezvous und du hältst es nicht ein.

4. Hast du fünf Gulden in der Tasche, so reserviere davon sofort mindestens zwei für ein Liebesparadies. Die andern drei darfst du gemeinsam mit der Erkorenen fürs Abendbrot anbringen. Wage es aber ja nicht, eine geputzte und hübsch angezogene Kokette anzusprechen. Die hat erstens einen feinen gastronomischen Geschmack und zweitens ist

Der 1er fährt bis zur Hauptallee. (Foto Beyerl)

ihr die Liebe nur ein Umweg zum Portemonnaie. Mache zudem alles prägnant und präzise aus, ehe du dich in Auslagen für die Holde stürzest; denn es kann dir passieren, dass du die drei Gulden mit ihr verzehrst und sie dann deine nachträglichen Begierden schnöde zurückweist. Dann bist du mit den zurückgeblieben zwei Gulden in derselben traurigen Lage wie Kategorie III.

5. Hast du zehn Gulden in der Tasche, so wandle erst um zehn Uhr in den Prater, oder nach „Venedig", sprich kurz ein holdes Dämchen an und gehe mit ihr in ihre Wohnung. Es ist erstens am praktischsten und leichtesten und zweitens weißt du, woran du bist: denn die kleinen, süßen Mägdelein, die in der Hauptallee spazieren, unterscheiden sich von diesen Priesterinnen der Venus nur durch eines: Sie sind schlechter gekleidet.

6. Hast du von hundert Gulden aufwärts in der Tasche, so mache zweierlei: Suche ein hübsches, noch halb unschuldiges Kind, das in der Hauptallee lustwandelt, zu betören, führe sie zum Souper, berausche sie ein wenig und suche ihr die Weltbetrachtung mit „verheirateten" Augen zu ermöglichen. Dann gehe nach „Venedig", scharmiere mit einer Kellnerin, lass' dir von ihr die neuesten Zoten erzählen, pendle hierauf in ein Kaffeehaus und gib sie deiner Tischgesellschaft zum Besten…

7. Bist du aber adelig und ein Kavalier, so suche einen Champagnerpavillon auf, versprich der Buffetteuse, ihr eine Equipage beizustellen, ihr zwei Armbänder und drei Ringe zu schenken und bleibe ihr am Schluss die Zeche schuldig.

y.

Wiener Caricaturen, 26. Mai 1907, S. 2–3.

Wir überspringen jetzt die Phase des früher allseits bekannten und als billig und madig verschrienen Praterstrichs. Auch mit dem ist es mehr oder weniger vorbei, da nach einer Novellierung des Prostitutionsgesetzes im Jahr 2011 die Sexarbeiterinnen nicht mehr in Wohngebieten arbeiten dürfen. Und somit schaut es im Prater schlecht aus mit dem Strich: Einerseits durch den Bau der neuen,

riesengroß angelegten TU, andrerseits durch das Entstehen neuer Wohnflächen, die allesamt das Image des Praters stark aufwerten sollen. Dadurch wird die „sündige Meile", also der legale Strich auf eine minimale Fläche beschränkt oder de facto die Fläche für die wichtige Kontaktanbahnung auf null reduziert. Die Folgen: Die Sexarbeiterinnen weichen aus in Laufhäuser. Das wäre noch die angenehme oder zumindest witterungsneutrale Lösung. Oder sie verschwinden in der Illegalität.

Gaunereien im Prater

Jetzt bleiben noch die Gewaltverbrechen, die natürlich auch im Prater begangen wurden. Eine kleine Überraschung: Mit spektakulären oder hundsgemeinen Morden kann ich leider – oder Gott sei Dank – nicht aufwarten. Allerdings mit unaufgeklärten Morden. Doch dazu später.

An der Tagesordnung sind die kleinen Delikte, wie die der Taschlzieher oder, etwas aktueller, der Handyklauer. Auch „Furzer" und „Brunzer" können bei provokanter Durchführung ihrer Tätigkeiten mit einer Anzeige rechnen. Mit einem „Schwamm drüber" will ich keineswegs einen Freispruch für solche Delinquenten befürworten, sondern höchstens die Sinnlosigkeit andeuten, die Fälle dieser Kleinkriminellen in diesem Buch aufzuzählen.

Allerdings gibt es eben jenen unaufgeklärten Mord an einer Prostituierten. Am 30. September 1988 wurde die Prostituierte Brigitte Hranka nachts beim Autostrich im Wiener Prater von einem Mann mit einer Pumpgun angeschossen. Sie schaffte es zwar, sich zu einem Autofahrer zu schleppen, der Täter verfolgte sie jedoch und tötete sie vor den Augen des Autofahrers durch einen Schuss in den Hinterkopf. Ihr Rottweiler blieb unverletzt. Die sofort eingesetzte Fahndung blieb ergebnislos.

Mehr zum Opfer: Unsere arme Brigitte Hranka agierte zwar auf dem Strich, jedoch sicher nicht auf einer Glückssträhne. Sie war bereits zwei Jahre zuvor, am 10. Oktober 1986, von einem Freier bedroht worden. Dieser erklärte ihr, Prostituierte zu hassen und sie deshalb erschießen zu wollen. Da der Dackel auf dem Rücksitz wild zu bellen begann, erschoss der Täter erst einmal den Dackel. Frau Hranka stürzte sich daraufhin auf den Täter, nach einer Rauferei, bei der sie verletzte wurde, gelang ihr glücklicherweise die Flucht. Auch der Täter ergriff die Flucht, ließ aber in der Aufregung seine Tatwaffe zurück. Diese Tatwaffe gehörte einem Polizisten, einem gewissen Friedrich Roger.

Dieser als Fritzi Baci bekannte und im 58. Lebensjahr stehende Sicherheitsbeamte war kurz zuvor in seinem entlegenen Wachzimmer am Freudenauer Hafen im Prater mit einem Sturmgewehr ermordet worden. Der unbekannt gebliebene Täter erbeutete nur die Dienstwaffe und das Funkgerät. Und mit dieser Dienstwaffe erschoss er einige Monate später den Hund von Frau Brigitte Hranka. Ob derselbe Täter zwei Jahre auch Frau Brigitte Hranka erschoss, ist auf Grund der von den Zeugen erstellten Täterprofile nicht eindeutig zu klären.

Vor allem die beiden ersten Taten werden einem Hochleistungssportler zugeschrieben, der sowohl über die Marathondistanz als auch bei diversen Bergläufen unwahrscheinliche und in der Folge nur schwer zu unterbietende Zeiten vorlegte. Er lief jeden Tag an die 40 Kilometer, bevorzugt im Prater, und so kannte er sowohl das entlegene Wachzimmer am Freudenauer Hafen als auch den Praterstrich. Er hieß Johann Kastenberger. In die Geschichte sollte er jedoch nicht als besessener Langstreckenläufer, sondern als verwegener Pumpgun-Ronnie eingehen: Mit der Maske des amerikanischen Präsidenten Ronald Reagan und einer Pumpgun verübte er mehrere spektakuläre Banküberfälle, bei denen er Millionen von Schillingen erbeutete. Nach seiner Verhaftung am 11. November 1988 wurde er in den Amtsräumen im 1. Stock der Wiener Rennweger-Kaserne verhört. Dabei gelang dem durchtrainierten Johann Kastenberger die Flucht: Nach einem kurzen Anlauf sprang er durch das Fenster.

In der Folge stahl er hintereinander zwei Autos, trieb sich erst im Wienerwald herum und flüchtete anschließend auf der Westautobahn. Kurz vor St. Pölten durchbrach er eine Straßensperre der Polizei, die 450 Beamte bei der Verfolgung des Pumpgun-Ronnie einsetzte. Beim Durchbrechen der Straßensperre wurde Johann Kastenberger angeschossen, woraufhin er am Pannenstreifen hielt, eine aus unbekannter Quelle stammende Waffe gegen seinen Kopf richtete und abdrückte. Durch seinen Selbstmord konnte die Befragung über die Morde an Friedrich Roger, den Dackel von Brigitte Hranka und an Brigitte Hranka selbst nicht fortgesetzt werden. Viele Indizien belasten vor allem bei den ersten Mordfällen den Marathonläufer. Eindeutige Beweise gibt es nicht, daher gelten die Pratermorde bis heute als nicht aufgeklärt.

Die

FLOH - ZEITUNG

Eine bissige Extra-Ausgabe für die Besucher des Flohzirkus im Prater.

Der Flohzirkus übt stets seine ungeschwächte Zugkraft aus und ist der Sammelpunkt der Intelligenz Wiens, zumal die Direktion sich redlich die Mühe gibt, durch Nenausstattungen und Programm-Neuerungen das Interesse des p. t. Publikums stets rege zu halten.

Literatur
mit/im/über den Prater

Unser Wurstelprater war stets ein Anziehungspunkt für bestimmte Literaten. So streifte Ödon von Horvath in seiner Wiener Phase gerne durch die Pratergegend, er setzte sich in die Wirtshäuser und beobachtete mit Vorliebe die Typen in den Wirtshäusern und den angrenzenden Schaubuden. Trotzdem stammt der „Liliom", das Theaterstück über den seither weltbekannten Hutschenschleuderer, nicht von ihm, sondern vom Budapester Ferenc Molnar. Horvaths Praterbeobachtungen führten zu seinem Volksstück „Kasimir und Karoline", das aber eigentlich auf dem Münchner Oktoberfest spielt, sowie zu seiner Erzählung „Die stille Revolution".

Ein zweiter oft gesehener Gast im Prater war Peter Altenberg. Über seine sexuellen Obsessionen will ich hier nichts berichten. Schon 1883 hatte der Psychiater Ludwig Schlager diagnostiziert, dass Altenberg unfähig sei, den Normen eines Lebens der Mittelschicht zu entsprechen. Bekannt ist, dass Peter Altenberg im Jahre 1910 oft das sogenannte „Abessinierdorf" besuchte und sich dort mit den „Aschantee-Weibern" beschäftigte. Sein Interesse galt tatsächlich den Frauen des Abessinierdorfes, über sie schrieb er:

Alle sind munter, so war es im Paradiese, nackte, wunderbar gewachsene, freie Menschen mit Frieden. Ich lerne viel dort: Bei den Ärmsten ist das Himmelreich … Meine geliebte kleine schwarze Freundin bringt mich in Welten, wo es keine Leiden gibt, sondern nur seliges Genießen. Wenn ich sie bei mir behalten könnte, sie kaufen, sie erziehen außerhalb der Konvention, in ihrer süßen Wildheit, ihrer Grazie. Sie ist die heiligste Anmut und Humor. Jeden Abend führ ich sie in den Circus, dann in eine kleine Waldschenke auf heiße Würstel und Bier. Abends bring ich sie nach Hause, in ihre Hütte, eine Hundehütte, wo Vater, Mutter und drei entzückende Geschwister schlafen. Sie wendet sich in allen schwierigen Situationen an mich, gibt mir ihr Geld zum Aufheben, beklagt sich bei mir über die Leute, welche sie ununterbrochen sekkieren und sie wie ein Tierchen behandeln.

In weiterer Folge sollen einige ausgesuchte Texte von Autoren vorgestellt werden, die im Prater spielen, den Prater thematisieren oder bestimmte Aspekte des Praters betonen. Die Auswahl ist dabei weitgehend subjektiv, auf Vollständigkeit sollte nicht Wert gelegt werden.

* Juli-Sonntag im Prater, 1899 *

Nach Rußland – sagte, glaub' ich, Théophile Gautier – muß man im Winter und nach dem Süden im Sommer reisen. In den Prater muß man am Sonntag gehen. Aber nicht an einem feinen Sonntag im Frühling, wenn der hohe Fahrdamm der Nobel-Allee mit Kutschen bedeckt ist, wenn die eleganten oder nur reichen Leute auf Gummirädern vorbeisausen und sich gegenseitig mit gemischten Gefühlen betrachten. In den Prater muß man Sonntags im Hochsommer gehen, an einem recht schönen, heißen, staubigen Sonntag nachmittags, wenn es wie eine Ruhe der Verzweiflung auf der erschöpften Stadt liegt und in den ausgestorbenen Straßen niemand mehr zu sehen ist.

Zwar den Liebhaber seltener Stimmungen wird um diese Zeit gerade die verlassene Stadt stärker locken. Alles ist so merkwürdig tot; man sieht in der steinernen Stille manches Haus, an dem man doch oft vorüberging, zum erstenmale, gleichwie das Gesicht einer Leiche uns sehr fremd vorkommt, auch wenn wir es zu den Lebzeiten gut gekannt haben. Fort sind die Bewohner, wer weiß, wie lange schon; fort, mit ihrer Liebe und ihrem Haß. Durch Tore, die offen stehen, als gäbe es da nichts mehr zu behüten, blickt man in unheimliche, lautlose Höfe.

In einem der alten Höfe steht noch ein Brunnen mit krummem Schwengel, zwischen den Steinwürfen wachsen grüne Halme, dort das Loch im Boden ist vielleicht eine Zisterne, und wer hineinschaute auf den tiefen Grund, der sähe im Spiegel schreckliche oder liebliche Geheimnisse der großen Stille. Jetzt und jetzt wird auch eine der niederen Türen nach dem Hofe zu aufgestoßen werden, irgendein unerwartetes Tier oder ein Fabelwesen wird hervortreten und Aufschluß geben über diese höchst erstaunliche Verzauberung. Und wahrhaftig, eine Tür dreht sich in den Angeln, ein altes Weiblein schwankt heraus, in Filzschuhen, mit einem unwahrscheinlich langen Strumpfe von blauer Farbe über dem Arm, und es setz sich vor das Tor und strickt.

Indessen ist die Stadt nicht wirklich ausgestorben. Ihre Menschen sind nur den Mauern für eine Weile entwichen und wollen die Sommerluft genießen. So ziehen auch wir nach dieser Sommerluft aus. Wie wär's mit dem neuen Weg der Stadtbahn? Eine hübsche kleine Reise von unserem westlichen Vororte über Heiligenstadt nach dem Prater. Am Schalter der Haltestelle sitzt ein junges Mädchen und verkauft mit sichtlicher Wehmut Fahrkarten an die Beneidenswerten, die jetzt in den Prater eilen können. Der Reisende schämt sich beinahe seines Glückes, wenn er solch ein armes Ding in trübseliger Gefangenschaft sieht; das möchte ja auch hinaus und etwas von der Fröhlichkeit des Daseins erfahren und wissen daß es jung ist. Aber es hat ja noch Zeit vor sich, noch viele solche Sonntage, ein ganzes Leben, bis es auch vor dem Tore Platz nehmen darf, um aus grobem blauen Garn einen Strumpf zu stricken, wie jene Alte, die sich alle Wünsche abgewöhnt hat.

Die Reise nach dem Prater ist eine Reise. Anfangs geht es wohl schnell; nach ein paar Minuten sind wir in Heiligenstadt; aber da heißt es aussteigen und auf den nächsten Zug warten. Wann fährt dieser ab? Niemand weiß es genau. Auf fünf oder zehn Minuten kann es nicht ankommen. Wir haben in dieser Lage einige Gefährten, deren Betrachtung uns die Wartezeit vertreiben kann. Da ist vor allem ein junges Paar, schlanke, hübsche Leute, Liebesleute unverkennbar. Sie haben zusammen drei Grübchen in den Wangen; er – was man übertrieben finden wird – hat beim Lachen in jeder Wange ein Grübchen, sie hat nur in der linken eines. Aber ihr einziges Grübchen ist seinen beiden bei weitem vorzuziehen. Und sie plaudern lachend in einem fort, so daß man immer sämtliche drei Grübchen sehen kann. Das Harren ist ihnen gar nicht beschwerlich; sie sind ja schon im Prater, denn sie gehen Arm in Arm auf und nieder, eng aneinandergeschmiegt. Ferner ist eine Familie da […]. Wir warten schon ein Viertelstündchen. Da hat jemand den mutwilligen Einfall, ganz laut zu fragen, wann der Praterzug eigentlich abgehe? Die Antwort ist niederschmetternd. In einer Stunde und vier Minuten! An einem Sonntagnachmittag im Juli eine Stunde und vier Minuten auf der Station in Heiligenstadt sitzen müssen, wenn man in den Prater will, das ist hart. […]

Endlich, nachdem alle teilnahmslos geworden, fährt der Zug herein. Da stürmt man dennoch die Wagen, als ginge es nach einem begehrenswerten Ziele. Der Abend liegt schon auf der Landschaft. Da ist der Donaustrom, ein Opalglanz auf dem Wasser, leichter Dunst über den Auen. In freien Schenken lassen sich die Ausflügler trübselig nieder, nicht mehr erwartungsvoll, noch nicht berauscht. Und bald wird man an die Rückkehr denken müssen. […] Die Liebenden von Heiligenstadt aber wandeln Arm in Arm stilleren Büschen zu.

Streift man durch die Auen, so trifft man häufig solche Pärchen, die sehr selig dahinschreiten in ihrem Doppelraume. Immer neue Darsteller des Sommernachtlustspieles, und alle halten sich für äußerst originell. Vor der Krieau, in der Nähe eines Taubenschlages kommen zwei Kadetten mit zwei halbwüchsigen Mädchen. Dies ein unschuldiger Spaziergang im Walde. Der eine Kadett sagt, als sie vorübergehen, die beziehungsvollen Worte: „La tourterelle roucoule." Das sind die Anfangsgründe des Französischen und der Liebe. Wie unendlich einfach das alles ist! Die Turteltaube girrt, ein Jüngling liebt ein Mädchen – wo haben wir das nur schon gehört, gesehen, gelesen? Und wie das die Leute doch immer wieder packt!

Aber das gehört nicht zum Eigentümlichen eines Mittsommersonntags im Prater. Die Turteltaube girrt überall, auch an Wochentagen, und solche glücklich schwärmende frische Kadetten mit ihren grünen Mädchen wandern auch durch andere Auen. Ja, sie scheinen sich mit ihren ausgesprochenen und rosigen Gefühlen nur verirrt zu haben, wenn sie durch die allgemeine Melancholie des Ortes ziehen. Denn es gibt nichts Melancholischeres, als einen Julisonntag im Prater.

In der großen Rotunde ist ein Volksfest. Starke Männer stemmen ohne ersichtliche Notwendigkeit Gewichte, die sehr schwer sind. Man bewundert sie, weil es eine nutzlose Mühe ist. Einen Lastträger, der unter einer Kiste daherkeucht, bewundert man nicht. In der Höhe laufen Künstler über ein gespanntes Seil. Der Reiz für die Zuschauer kann nur in der Todesgefahr liegen, der sich die armen Burschen da oben aussetzen. Die Menge klatscht unlogisch in die Hände, wenn der Seiltänzer unversehrt drüben ankommt. Wollten sie also nicht, daß er sich den Hals breche? Warum haben sie dann nicht gezischt, als er hinauf stieg? An Kaufständen werden schlechte Luxuswaren von dürftig herausgeputzten Mamsellen feilgeboten. Wer da etwas kauft, muß schon einen Hieb vom heurigen Weine haben, und er kauft seine morgige Reue ein. Zum Biere und säuerlichen Weine wird auch eine quiekende Musik verzapft, und die Leute hören zu, weil sie auf ihre Kosten kommen wollen. Aber unter den Schritten der Festgäste, die zwischen den wohlfeilen Sehenswürdigkeiten rastlos und verdrossen umherirren, steigt immer dicker der Staub auf, und man möchte endlich ein Austrittsgeld dafür zahlen, wieder ins Freie zu dürfen.

Das ist die Nobel-Allee. In schweren Haufen gehen die Menschen auf und ab, auf und ab. Auch da der Staub, die Traurigkeit. Die Luft unter den Bäumen ist dick wie in einem geschlossenen Raum und kaum noch zur Einatmung geeignet. Sie wissen das vom vorigen Sonntag her, und dennoch sind sie wieder da, gehen auf und ab, auf und ab, wie Häftlinge im Kerkerhof. Aus welchen Wohnungen mögen sie kommen, und warum gehen sie nicht in die wirkliche Freiheit, in die Natur hinaus? Bei den sittsamen Mädchen aus bravem und mittellosem Hause versteht man diesen trostlosen Spaziergang beinahe. Sie müssen gesehen werden, sonst käme wohl der Freier nie. Aber wenn sie nicht auffallend gekleidet sind, gehen sie in der Menge verloren. Und sind sie geputzt, so wagt sich erst recht keiner an sie heran. Wer hat den Mut, so schöne Gewänder zu bezahlen? Freilich lehrt die Erfahrung, daß es auch solche Käuze gibt. Diese sieht man mit sorgendurchfurchter Stirne an der Seite ihrer siegreichen Damen einherschleichen. Darum gehen die törichten Jungfrauen, gefolgt von ihren beklommenen Eltern, auf und ab, auf und ab. Bis es finster wird und man die Sonntagstraurigkeit wieder einmal nach Hause schleppt.

Nun sind viele Lichter im Wurstelprater aufgegangen. Dazu verworrener Lärm von vielerlei rücksichtsloser Musik. Ein Drehorgelmann schont den andern nicht, und jeder Kapellmeister durchkreuzt die Melodien seines

Holzdorfers Geisterschloss.

Nachbars. Sie bohren einander wie Schlachtschiffe in den Grund. Die Leute irren verschüchtert umher und kriechen endlich in einem Gasthause unter. Die Gärten, die am schlechtesten beleuchtet sind, haben nicht immer den schwächsten Besuch; weil mancher sein Nachtmahl gern in der Dunkelheit verzehrt, nachdem er stolz durch die Alleen gewandelt ist.

Lärm von den Schaubuden, den alten, wohlbekannten, geheimnisreichen Buden, in denen auf die Neugierde eine Geldstraße gesetzt ist. Besser fahren die Geschäftsleute, die auf die Eitelkeit des verehrungswürdigen Publikums rechnen: die Verschleißer von Proben der Geschicklichkeit und Kraft. Das sind kurze Schießstände, von denen man mit ausgestrecktem Arm den Flintenlauf in die Scheibe stoßen kann; die gewaltigen Hämmer, die ein Schneiderlein niedersausen läßt, wobei es meint, es sei stark wie ein Schmied. Und am höchsten geht es her an den Versammlungsorten aller Neugierden und Eitelkeiten: auf den Tanzböden.

Für fünf Kreuzer ein Tanz mit allem, was dazu gehört. Das sind nicht die artigen, gedämpften Drehungen der Salons. Da ist noch Kampf und Leidenschaft, Werbung und Niederlage in den stummen Dramen. Der großmächtige, ursprüngliche Sinn der Handlung wird durch keinen Dialog gestört. Dem Dionysos wird ein stürmisches Fest gefeiert. Es sind meistens Menschen vom Lande, Bauern und Bäuerinnen, in die Stadt verschlagen, als Dienstmädchen und Soldaten verkleidet, und wenn sie tanzen, sind sie gewiß weniger unglücklich als sonst. Und sie berauschen sich aneinander bis zur Bewußtlosigkeit bei den elenden Klängen dieser Musik, im qualvollen Dampf dieses Saales. Man muß ihre Gesichter sehen, die halbgeschlossenen Augen der Mädchen, die Glut der Bursche, alle Ausdrücke der Hingebung und Schwärmerei. Und wenn sich der Tänzer schließlich über seine Tänzerin beugt und sie küßt, nein, den Schweiß von den Wangen trinkt, so ist das wohl eine größere Liebe, als die duftenden Marquisen zu erwecken vermögen. Denn hier hat die Illusion mehr Widriges zu überwinden. Das aber hat einen fernen Zweck: in zwanzig Jahren wird man wieder Stubenmädchen und Soldaten brauchen.

Nur wenn der Tanzrausch und Lärm und die Küsse vorbei sind, fällt ihnen wieder die Traurigkeit aufs Herz, wohl auch gemengt mit Reue.

Sitzen dann vielleicht ihrer zwei bei einem einzigen Glase billigen Bieres beisammen und lassen die Köpfe hängen.

So ist ein Juli-Sonntag im Prater aus Melancholien zusammengesetzt. Und dennoch hat er etwas Erquickendes an sich. Er lehrt die mühseligen und beladenen Leute ihren schweren Wochentag wieder lieben.

Theodor Herzl

Feuilletons, 1. Band, 1899, S. 135–143.

* Café de l'Opéra (im Prater), 1901 *

Jawohl, eine eigenthümliche Beziehung ist zwischen diesen Dingen: Herr; Dame; Mandolinengezirpe; Birke; Plantane; Esche; weisse Bogenlampe; und kühler Auen süßer Nachtduft. Etwas abseits vom schweren Leben ist es. Es schleicht nicht dahin wie Brackwasser. Eine wundervolle Mischung ist es, welche uns heiter macht und leicht. Man fühlt: Wie schön wäre es, wenn ich immerwährend so sorgenlos, so leichten Sinnes wäre. So unbedenklich sitze ich und lausche. Niemanden beneide ich.

Eine Rose kaufe ich und schenke sie Signorina Maria. Eine wundervolle Cigarette zünde ich mir an. Wie lieblich die Mandolinen gebaut sind – wie hohle tönende Birnen! Wie die Birkenblätter glitzern! Lorbeerbäume, Aristokraten und Café-Liqueur passen zusammen. Etwas Exceptionelles ist es. Wie herrlich sind die Antlitze Italiens! Zum Weinen geradezu. Wie frei, wie würdevoll sitzen diese Menschen. Und wenn sie sich vornüber neigen, ist es, wie wenn sie lauschten, irgendwohin. Immer sind sie anderswo, von sich weg. Wenn sie singen, bei ihren Liedern. Wenn sie schweigen, bei ihrem Meere. O wie wundervoll ist das. Es zieht uns mit. Wir haben uns gleichsam von uns empfohlen und sind fortgeschwommen. Addio – – –

Im leichten Leben stehen wir, wie Aristokraten, welche von ihren Gütern leben, wie Liebende, die sich verloren haben, wie Weise, welchen nichts mehr geschehen könnte, was sie überraschte, überrumpelte.

So unbedenklich sitzen wir und lauschen. Niemanden beneiden wir. Eine wundervolle Cigarette zünden wir uns an. Eine Rose kaufen wir uns schenken sie Signorina Maria.

Wie die Birkenblätter glitzern. Wie ruhig die Platane steht. Und wie die Esche mit ihren zarten Blätterfingern bebt! Ganz unbedenklich sitzen wir und schau'n und lauschen.

Noch eine Rose kaufen wir uns schenken sie Maria. Und noch eine Rose kaufen wir. Und einen Strauß von Rosen.
Geld spielt keine Rolle.

Wie Aristokraten sind wir, die von ihren Gütern leben. Etwas abseits vom schweren Leben sind wir. Wir schleichen nicht dahin wie Brackwasser. Über uns selbst erstaunen wir.

Signorina Maria – – –!

Peter Altenberg
Was der Tag mir zuträgt, 1901, S. 52–53.

* Der Wurstelprater, 1919 *

8. Szene

Der Wurstelprater. Die Szene stellt einen Schützengraben dar, in welchem Provinzschauspieler Schießübungen vornehmen, telephonieren, schlafen, essen und Zeitung lesen. Der Schützengraben trägt Flaggenschmuck. Das tausendköpfige Publikum steht in dichten Reihen davor, zahlreiche Funktionäre, Würdenträger und Reporter im Vordergrund.

Der Entrepreneur: – und hiermit empfehle ich den Schützengraben, welcher dem p.t. Publikum das Leben im echten Schützengraben täuschend vor Augen führen soll, dem edlen Zwecke der patriotischen Kriegsfürsorge und richte an Seine kaiserliche Hoheit das alleruntertänigste Ersuchen, den Schützengraben für eröffnet zu erklären.

Ein Vertreter der Korrespondenz Wilhelm (zu seinem Kollegen): Unter den militärischen und zivilen Nobilitäten bemerkte man u.a. –

Der Kollege (schreibend): Angelo Eisner v. Eisenhof, Flora Dub, Hofrat und Hofrätin Schwarz-Gelber –

Der Vertreter: Aber ich seh die nicht –

Der Kollege: No ich weiß aber.

Der Vertreter: Pst. Die Eröffnung erfolgt. Schreiben Sie: Schlag 6 Uhr erfolgte.

Die Stimme des Erzherzogs Karl Franz Josef: Ich bin gerne gekommen, den Schützengraben anzuschauen. Ich bin ja selbst Soldat.

Das Publikum: Hoch! Hoch! Hoch!

Hofrätin Schwarz-Gelber (zu ihrem Gemahl): Hier sieht man nichts, komm, dorten wird man gesehn.

(Es erfolgen Vorstellungen. Das Publikum massiert sich und zerstreut sich hierauf. Es bilden sich Gruppen.)

Der ungenannt sein wollende Herr Oberleutnant, der in Schaumanns Apotheke Stockerau, zu Gunsten des Roten Kreuzes den Betrag von 1 K erlegt hat (zu einem Herrn): Es ist zu hoffen, dass auch diese Veranstaltung, die sicherlich einem Gedanken oder einer Anregung ihre Entstehung verdankt, dem wohltätigen Zwecke manch namhaftes Sümmchen einbringen wird. Ich interessiere mich für alle auf die Kriegsfürsorge abzielenden Bestrebungen, ich bin nämlich wie Sie mich da sehn niemand anderer als der Spender des in Schaumanns Apotheke, Stockerau, von einem ungenannt sein wollenden Herrn Oberleutnant zu Gunsten des Roten Kreuzes erlegten Betrags von 1 K, Summe 1091 K bar und 2000 K Nominale Rente, hiezu der frühere Ausweis von 679.253 K bar, macht 680.344 K bar und –

Doktor Kunze: Was, so viel?

Der ungenannt sein wollende Herr Oberleutnant, der in Schaumanns Apotheke Stockerau, zu Gunsten des Roten Kreuzes den Betrag von 1 K erlegt hat: Ja, ja, das summiert sich. Ich hatte lange geschwankt, ob ich mit meinem Namen hervortreten solle, aber da ich, wo es sich um Wohltun handelt, ein abgesagter Feind jeglicher Publizität bin, so entschloss ich mich verborgen zu bleiben. Und die halbe Anonymität – das ist wieder die halbe Wohltätigkeit. Da sehen Sie, Otto Ni. aus Leitmeritz und Robert Bi. aus Theresienstadt gratulieren Rusi N. in Wien zum freudigen Familienereignis: „Gut is 'gangen, nix is g'scheh'n!" – 2 K 7 h, rechnet man aber hiezu den früheren Ausweis, so kommt bloß 576.209 K 52 h heraus. Da stehe ich ganz anders da, ganz abgesehen davon, dass ich ja allein war und keineswegs erst den Anlass einer glücklichen Entbindung gebraucht habe, um –

Doktor Kunze: Ich beneide Sie. Ich habe mehr getan, aber im Ganzen wars doch nichts. Wie Sie mich da sehn, bin ich nämlich niemand anderer als der Mann, der in einer Jagdgesellschaft die Anregung gegeben hat, dass jeder Teilnehmer für den Kriegsfürsorgezweck das Scherflein von 2 K beitragen möchte. Ich selbst habe natürlich den Anfang gemacht. […] (sie gehen im Gespräch ab.)

Der Patriot: In London haben sie etwas eine Spielerei, einen Schützengraben. Sehr gut hab ich da neulich in der Presse gelesen „Der Prinz von Wales im Schützengraben". Natürlich dort treibt er sich herum, draußen war er noch nicht!

Der Abonnent: Sie tändeln mit dem Krieg.

Karl Kraus
Die letzten Tage der Menschheit, 1919, S. 222–224.

Bibliographie

Altenberg Peter, Was der Tag mir zuträgt, S. Fischer, Berlin 1901.
Alt- und Neu-Wien, ein Heimatbuch für die Kinder der 3. Klasse, Jugend und Volk, Wien–Leipzig 1924.

Beyerl Beppo, Wiener Reportagen, Band 1, Edition MoKKa, Wien 2004.

Cordon Cécile, Das Riesenrad hat alle entzückt, Mandelbaum, Wien 1997.

Dewald Christian/Schwarz Werner Michael, Der Prater im Film, DVD, Wien 2005.

Ehrlich Anna, Auf den Spuren der Josephine Mutzenbacher, Amalthea, Wien 2005.

Fürnweger Gerhard, Die Leopoldstadt – Wiener Geschichten, Edition MoKKa, Wien 2014.

Herzl Theodor, Feuilletons, 1. Band, J. Singer & Co. Verlag, Berlin 1899.
Hofmann Thomas, Alltagsgeschichten aus der Leopoldstadt, Sutton, Wien 2014.
Hubmann Franz, Die gute alte Zeit, Verlag St. Peter, Salzburg 1968.

Kaldy-Karo Robert, Anton Kratky-Baschik, k.k. Zaubertheaterbesitzer, Wien 2014.
Klusacek Christine, Rendezvous im alten Wien, Compress, Wien 1996.
Kraus Karl, Die letzten Tage der Menschheit, Digitale Edition *Fackel*. Akademie der Wissenschaften (AAC).

La Speranza Marcello, Prater-Kaleidoskop: eine fotohistorische Berg- und Talfahrt durch den Wiener Wurstelprater, Picus Verlag, Wien 1997.

Mauthner-Weber Susanne, Venuswege, Promedia, Wien 1995.
Muhr Adelbert, Praterbuch, Erwin Müller, Wien 1947.

Payer Peter, Blick auf Wien. Kunsthistorische Streifzüge, Czernin-Verlag, Wien 2007.

Salten Felix, Das Österreichische Antlitz, S. Fischer, Berlin 1909.
Sinhuber Bartel, Zu Besuch im alten Prater, Amalthea, Wien 1993.
Spring Ulrike, Kos Wolfgang, Freitag Wolfgang (Hg.), Im Wirtshaus: Eine Geschichte der Wiener Geselligkeit, Czernin Verlag, Wien2007.
Stradal Otto, Das ist das Riesenrad, Juridica Verlag, Wien 1981.

Technisches Museum Wien, Welt ausstellen. Schauplatz Wien 1873, Technisches Museum Wien 2004.

Weyrich Edgar, Alt-Wien. Kulturbild aus Wiens Glanzzeit. 4. Teil, Deutscher Verlag für Jugend und Volk GmbH, Wien 1927.
Witlaczil Emanuel, Praterbuch, Österreichischer Bundesverlag, Wien 1926.
Waldegg Richard, Sittengeschichte von Wien, Weltspiegel Verlag, Wien–Linz 1957.

Zeitungen

Anton Langer's Hans Jörgel von Gumpoldskirchen, 25. Mai 1878.
Arbeiterzeitung, 19. Oktober 1909.
Arbeiterzeitung, Schermann, 17. Juli 1910.
Arbeiterzeitung, 22. September 1912.
Arbeiter-Zeitung, 20. September 1926.
Arbeiter-Zeitung, Röder Kurt, 21. Mai 1927.
Arbeiter-Zeitung, Hajnal Eugen, 16. November 1927.
Bregenzisches Wochenblatt, 14. Oktober 1814.
Das Kleine Blatt, 28. Juli 1928.
Das Wort der Frau, 19. Juli 1931.
Das Wort der Frau, Strauß-Gutmann Hilda, 15. Mai 1932.
Der Floh, 8. September 1873.
Der Humorist, 17. Jänner 1838.
Der Humorist, 23. April 1851.
Der freie Linzer Postillon, 7. September 1848.
Deutsches Volksblatt, 10. August 1915.
Die Muskete, 1. Juni 1911..
Die Unzufriedene, 5. Juli 1930.
Illustrirtes Wiener Extrablatt, 4. Mai 1873.
Illustrirtes Wiener Extrablatt, 24. Mai 1873.
Illustrirtes Wiener Extrablatt, 5. Juni 1902.
Illustrirtes Wiener Extrablatt, 3. Juli 1902.
Kikeriki, 8. Mai 1871.
Kikeriki, 24. August 1873.
Kikeriki, 29. März 1877.
Kikeriki, 17. Mai 1877.
Kikeriki, 22. Juli 1880.
Kikeriki, 29. Juli 1880.
Kikeriki, 26. Mai 1898.
Morgen-Post, 1. Mai 1873.
Neue Freie Presse, 1. Mai 1873.
Neue Freie Presse, 4. Juli 1897.
Neue Freie Presse, Delle Grazie Marie Eugenie, 30. März 1902.
Wiener Caricaturen, 26. Mai 1907.
Wiener Buschauer, 29. April 1842.
Wiener Bilder, 5. April 1896.
Wiener Bilder, 24. Jänner 1920.
Wiener Weltausstellungs-Zeitung, 11. September 1872.
Wort der Frau, Lilian, 12. April 1931.
Znaimer Tagblatt, 31. Oktober 1908.